José Eudes Baima Bezerra

O DIREITO À EDUCAÇÃO
E A PROGRESSÃO CONTINUADA

Para além da aparência

Diagramação: **AJ Estúdio**
Capa: **Gustavo Piqueira/Casa Rex**
Revisão: **Cristiane Maruyama**

Dados Internacionais de Catalogação na Publicação – CIP

B574
Bezerra, José Eudes Baima
O direito à educação e a progressão continuada: para além da aparência / José Eudes Baima Bezerra.
São Paulo: Serpente, 2015.

ISBN 978-85-63137-52-4

1. Educação. 2. Política Educacional. 3. Direito à Educação.
4. Progressão Continuada. 5. Avaliação Escolar. 6. Cidade de São Paulo. 7. Gestão Haddad. 8. História da Educação no Brasil.
I. Título.

CDU 37　　　　　　　　　　　　　　　　　　　　CDD 370

Rua Araújo, 124, 1º andar, São Paulo
Cep: 01220-020

Distrito Federal: SDS Bloco O - Nº 39 0 Sala 528
Ed. Venancio VI - Brasília - DF - 70393-905
São Paulo: Rua Caetano Pinto, 678 - Brás - São Paulo - SP - 03041-000
E-mail: palavra.livraria@gmail.com

SUMÁRIO

Introdução 11

O que é o regime de ciclos? 15

A implantação de regimes de ciclos
e a progressão continuada no Brasil 21

Os fundamentos da progressão continuada:
uma ideologia da destruição do ensino 27

Progressão continuada e a política
do imperialismo para a Educação 67

Como conclusão 75

Referências bibliográficas 87

Apêndice – documentos 91

Relatório e projeto de decreto sobre
a organização geral da instrução pública
de 1792 (trechos) 93

Manifesto do Partido Comunista
de 1848 (trechos) 97

Instruções para os Delegados
do Conselho Geral Provisório.
As diferentes questões (trechos) 101

Glosas marginais ao Programa
do Partido Operário 107

A escola e o ensino na
Comuna de Paris de 1871 111

Manifesto dos Pioneiros da Educação
Nova de 1932 (trecho) 115

Manifesto dos Educadores mais uma
Vez Convocados de 1959 (trecho) 121

"Pra aprender alguma coisa, né? Porque tem mais valor aprender do que não aprender, né? O negócio de o cabra não estudar é que... minha caneta é o machado, a chibanca... tem futuro aprender né?"

(Pai de aluno de uma comunidade no Vale do Jaguaribe - CE, questionado sobre o que espera que escola traga a seu filho)

10

INTRODUÇÃO

Abriu-se, ou se reabriu, nos meios educacionais (autoridades, professores, sindicalistas, especialistas) um debate sobre a questão do regime escolar. Particularmente, em São Paulo, foi o prefeito da Capital, Fernando Haddad (PT), que levantou a questão quando, durante sua campanha à prefeitura em 2012, questionou o modelo de ciclos nesse estado denominado regime de progressão continuada. Regime implantado tanto na rede estadual como na rede municipal há 17 anos.

Na campanha, Haddad prometeu rever o processo de avaliação que, ao longo do governo da época (Kassab), só permitia a retenção no 4º e no 9º ano, sugerindo, então, que se submetesse os alunos a uma avaliação com possibilidade de reprovação em cinco dos anos do Ensino Fundamental, 3º, 6º, 7º, 8º e 9º. Eleito, em 2013, o prefeito Haddad voltou à carga. Declarou que o regime de progressão continuada se constituía em um 'grande mal' e acrescentou: "não conheço um pai ou mãe que elogiem esse sistema". Mesmo assim, naquele momento, o prefeito não avançou no sentido da retomada do sistema serial. Optou pelo reordenamento dos ciclos, que passavam de dois para três anos de alfabetização (1º ao 3º ano), Interdisciplinar (4º ao 6º ano) e autoral (7º ao 9º ano), como já dito, com possibilidade de retenção ao fim de cada ciclo (3º e 6º anos) e nos três anos terminais do Ensino Fundamental.

Contudo, no final de 2014, Haddad suavizou ainda mais a mudança, de forma tal que se considerassem aprovados os alunos que apresentassem evolução em suas notas no último bimestre de cada um desses anos.

A grande imprensa patronal descobriu o problema da aprovação automática que acompanha o regime de progressão continuada apenas nos meses da campanha eleitoral presidencial de 2014, transformando o caso em uma rematada prova da irresponsabilidade das gestões do PT em matéria de educação (e, apenas depois, lembrando que o mesmo regime vigora na rede estadual de São Paulo).

Mas, o que de fato surpreendeu foi a confusão instaurada entre ativistas do PT na área do ensino, sindicalistas do magistério e entre os ditos especialistas.

Com efeito, mesmo que no momento em que esta edição está sendo concluída, Haddad tenha anunciado o fim do mecanismo da Progressão Continuada, veremos que a discussão supera o realmente importante elemento da aprovação automática e nos remete ao debate mesmo do direito ao ensino para a maioria da população. Quer dizer, diz respeito à luta dos trabalhadores pelo acesso ao conhecimento acumulado pela sociedade sob a forma do conhecimento científico. E é desse ponto de vista que a discussão será desenvolvida aqui.

O QUE É O REGIME DE CICLOS?

No Brasil, desde os anos 1980, tem sido chamado de *ciclos* um tipo de organização do regime escolar que pretende superar o modelo baseado na seriação, na graduação e na aferição da aprendizagem por meio de testes e provas nas diversas formas que esse modelo assumiu ao longo de quinhentos anos de escola moderna.

Na visão de seus defensores, esse regime não seriado, baseado em variados critérios, dependendo da experiência considerada (comociclos etários, eciclos de aprendizagem, etc.), seria portador por si só de uma qualidade emancipatória posto que deixaria de se basear nas matérias curriculares e ordenadas para serem apreendidas em diferentes etapas da educação escolar para adaptar a aprendizagem às características da idade ou da capacidade peculiar de cada aluno em assimilar os conhecimentos.

Como a delimitação do período em que, por esses critérios, as crianças e jovens seriam capazes de integrar os conhecimentos ao seu patrimônio cognitivo não podem ser fixados de forma padrão, a seriação teria que ser substituída por ciclos, abrangendo períodos mais largos de tempo. Por exemplo, se consideramos a alfabetização como um ciclo de aprendizagem, ter-se-ia de abandonar a clássica ideia da alfabetização em um ano – por volta dos seis ou sete anos de idade – para estendê-la ao longo de um ciclo de três anos, como em São Paulo.

Como veremos adiante, a ideia de ciclos de aprendizagem deita suas raízes em uma longa e reacionária tradição pedagógica. Ela tomou novo impulso nos últimos trinta anos, quando essas ideias que remontam às pedagogias renovadas do início do século XX e foram reaproveitadas pelas agências multilaterais, como a Unesco e o Banco Mundial, mas também quando, ao mesmo tempo, uma influente corrente da chamada sociologia da educação recorreu a elas para uma cruzada antiescola sob a capa da crítica da escola capitalista, chamada de reprodutivista (Bourdieu, Althusser, Arroyo, etc.).

Tais concepções de esquerda se tornaram combustível para todo tipo de discurso sobre educação alternativa ou pedagogia emancipatória que, curiosamente, acabam desaguando em medidas práticas semelhantes àquelas propagadas pelos governos que aplicam os programas advindos das conferências de Educação para Todos (EPT) que, desde 1990, têm sido impulsionadas pelas agências da ONU.

É assim que o regime do ensino em ciclos tem sido aplicado, seja sob o impulso do Banco Mundial, seja animado pela Comissão Europeia, em diferentes países do mundo como Brasil, Suíça, Canadá (Quebec), Bélgica (comunidade de língua francesa), Portugal, Espanha e Colômbia. Em países como aqueles da Escandinávia e no Reino Unido o sistema de ciclos tem sido aplicado com aprovação por idade, no que se chama de progressão sucessiva.

Jefferson Mainardes[1] – um dos principais apologistas do sistema de ciclo no Brasil – explica que esse modelo visa à inclusão e ao fim da seletividade do sistema de ensino. Essa última questão é reveladora de como o autor é tributário do reprodutivismo, imputando à escola a responsabilidade pelo que chama de *seletividade*, na verdade, a desigualdade de classe. Mainardes, por outro lado, estranha que os pais de classe média venham ultimamente questionando os ciclos. Ele explica o fenômeno pelo fato de as classes médias serem ideologicamen-

---

1 MAINARDES, Jefferson. *A escola em ciclos*: fundamentos e debates. São Paulo: Cortez, 2009, p. 11.

te partidárias da competitividade e do alto desempenho[2], embora precise reconhecer que os pais em geral acreditam que o sistema convencional garanta maior progresso dos alunos. Essa atitude, entretanto, decorreria de uma repulsa à presença na mesma sala com seus filhos de crianças menos capazes, ou seja, revelaria uma atitude preconceituosa.

Mainardes, portanto, atribui ao sistema de ciclos – de qual o regime de progressão continuada é uma variante – a condição de antídoto à seletividade e à natureza excludente da escola 'capitalista'. Os que recusam o modelo, por oposição, situam-se, segundo ele, no campo da seletividade, da exclusão e do preconceito contra as crianças de ritmo diferenciado. Ou seja, entre os partidários da emancipação dos trabalhadores, sob essa lógica, nem haveria lugar ao debate sobre o tema, afinal, a escola em ciclos seria um antídoto à escola convencional, não somente em termos metodológicos e organizacionais, mas também em relação à própria finalidade da escola na sociedade. Uma, de natureza apassivadora; outra, de viés emancipador.

Para o autor, e aqui chegamos ao cerne desse debate, a reprovação e o chamado *fracasso escolar*, próprio dos regimes seriados e graduados, são os instrumentos da exclusão e da negação da educação.

2 *Idem*, p. 12.

Mas, diga-se de passagem, se o reprodutivismo dos anos 1970 atribuía à escola o lugar de agência por excelência da reprodução da ordem social capitalista, os defensores do regime em ciclos, do ponto de vista da esquerda, inversamente, atribuem a esse regime o poder de extirpar "as práticas de exclusão dentro da escola"[3]. Para esses apologistas, como Alessandra Gomes[4], a seriação, acompanhada da prática da reprovação, revelaria uma "visão do homem, do mundo e da sociedade". Visão naturalmente identificada com os males do capitalismo.

Voltamos a observar que o oposto dessa visão de mundo, no campo escolar, o regime de ciclos tornou-se uma das recomendações universais dos documentos das agências da globalização que, convenhamos, não estão comprometidas com a emancipação humana.

A progressão continuada tem sido aplicada exclusivamente no Ensino Fundamental, dividindo-o em dois ou mais ciclos ao longo dos quais a reprovação só poderá ser aplicada ao final de cada um deles, sendo que, em alguns casos, (como na experiência do Ciclo de Alfabetização, em São

---

3 *Idem*, p. 14.

4 GOMES, A. A. *Democratização do ensino em questão*: a relevância política do fim da reprovação escolar. Dissertação (Mestrado). Faculdade de Educação, USP, São Paulo, 2004.

Paulo, nos anos 1980), a progressão só se dá no primeiro ano de escolarização.

Dentro de sua visão, os defensores desse regime escolar consideram que a variante chamada progressão continuada é uma forma fraca de ciclos, pois não romperia radicalmente com o sistema de seriação, além de que manteria o essencial do currículo de conteúdos e da organização da escola. Para esses apologistas dos ciclos, a progressão continuada, ademais, apenas reduziria a magnitude das reprovações, gerando novas formas de exclusão no interior da escola.

Observe-se que o que se entende por 'exclusão' é a prática da avaliação mensurável, sistematizada em notas, graus e promoção, tida como instrumento de seletividade dos alunos e marginalização daqueles portadores de ritmos e interesses peculiares, diferentes das matérias contidas nos currículos.

No que diz respeito a isso, mais adiante, expor-se-á os fundamentos e princípios do regime escolar em ciclos em relação com as posições da sociologia da educação que, pela esquerda, questiona, ao lado do chamado "Movimento de Educação para Todos" da ONU, a existência da escola tal como se constituiu no seio da luta de classes.

A IMPLANTAÇÃO DE REGIMES DE CICLOS E A PROGRESSÃO CONTINUADA NO BRASIL

No Brasil, desde o advento das correntes pedagógicas "renovadas" nos anos 1920-30, passando pelos debates dos anos 1950 e 1960, com as experiências de alfabetização de adultos encabeçadas por Paulo Freire, fala-se, de uma forma ou de outra, de progressão sucessiva ou ao longo da vida. Mas, neste momento, nos restringiremos às formas contemporâneas desses regimes continuados.

Antes disso, cabe observar que, em relação a esta identidade entre regime de ciclos e perspectiva emancipatória, nesse trajeto, ao longo do século XX, modelos de não retenção foram promovidos inclusive no quadro da Ditadura Militar. Em São Paulo, entre 1969 e 1971, e em Santa Catarina, entre 1970 e 1984. O resultado foi apenas o incremento da retenção nas séries em que a mesma era permitida. Auras[5] observa que o resultado mais extremo desta experiência foi a chegada de um enorme contingente de alunos analfabetos ao final do então 1º Grau.

É, porém, nos anos 1980 que as agências internacionais começaram a recomendar fortemente a adoção de modelos de escolarização em ciclos ou níveis de aprendizagem. A primeira experiência em larga escala foi a adoção do Ciclo Básico de Alfabetização (CBA) durante o governo Montoro, no Estado de São Paulo que teve um correlato no Rio de Janeiro na mesma época. Nesse modelo, eliminava-se a reprovação na 1ª Série com a finalidade de prolongar o período de alfabetização.

Nos anos 1990, como condição para o acesso a recursos internacionais – sobretudo do Banco Mundial, que desde os anos 1970, sob a direção de Robert McNamara[6], voltou seus olhos para as redes

---

5 AURAS, M. "Considerações sobre a participação popular na elaboração do Plano Estadual de Educação/Santa Catarina (1985/1988) e a resposta do aparelho governamental a esse plano". *Cadernos do CED* [UFSC], v. 5, n. 2, p. 159-189, julho/dezembro de 1988.

6 Robert Strange McNamara (1916-2009), empresário e político norte-americano que serviu como o 8º Secretário de Defesa dos Estados Unidos de 1961 a 1968 durante a Guerra do Vietnã (presidências de John F. Kennedy e Lyndon B. Johnson). Presidente do Banco Mundial até 1981.

escolares públicas dos países em desenvolvimento – e acompanhado da ampliação do oferecimento desses recursos para o setor de educação, diversas redes estaduais e municipais passam a adotar o regime de escolarização por ciclo.

Em 1992, por iniciativa da Prefeitura de São Paulo, a administração de Luíza Erundina (então no PT), tendo Paulo Freire como secretário de educação, adotou um regime de três ciclos no Ensino Fundamental, no qual a retenção era permitida apenas no final de cada ciclo, sendo que os reprovados repetiam apenas o último ano do ciclo. Em lugar de uma avaliação mensurável, aplicou-se o que se chamou, de forma obscura, de "avaliação qualitativa e contínua" baseada em relatórios subjetivos dos professores.

A partir de 1995, o sistema ampliou-se fortemente, sobretudo com a chegada do PSDB ao Governo Federal e a vários Governos estaduais. O sistema passou a integrar a ampla reforma do aparelho de Estado baseado na desregulamentação, na privatização e na flexibilização da gestão educacional. No Ceará e em Minas Gerais, essas experiências ganham profundidade, com o regime de ciclo sendo acompanhado não só da promoção automática, mas de salas de aceleração, pensadas para nivelar os alunos que, em um certo ciclo, apresentavam rendimento baixo. No caso do Ceará, as salas de aceleração tornaram-se, pouco a pouco, o centro do trabalho pedagógico das escolas. Assim, para viabilizar o sistema de ciclo, a maior parte da carga de trabalho escolar passou a se destinar a esse tipo de medida de exceção ou paliativa, conquanto as aulas regulares de fato não davam conta das necessidades cognitivas das crianças. O governo cearense, contudo, passou a exibir vistosos resultados em termos de aprovação e, em certa medida, uma redução da evasão e do abandono escolares. Repetiu-se aqui o fenômeno catarinense da conclusão do Ensino Fundamental sem que os alunos dominassem os conteúdos básicos correspondentes a esse nível de ensino, em especial, a leitura e a escrita.

Em Minas, em meados dos anos 1990, além do Governo estadual, a Prefeitura de Belo Horizonte, sob a direção de Miguel Arroyo, um ideólogo do regime de ciclos (Escola Plural), na Secretaria de Educação, erigiu-se um sistema de progressão sucessiva que se tornou, de certa forma, paradigmático e modelar para vários estados e municípios, como para a Prefeitura petista de Porto Alegre, que adotou, na mesma época, um programa chamado Escola Cidadã.

Essa experiência, embora não tenha ganhado o status de regime obrigatório, generalizou-se com a Lei Federal 9.394/1996, que instituiu a Lei de Diretrizes e Bases da Educação Nacional (LDB).

A LDB, em seu artigo 23, estipula que a Educação Básica (Educação Infantil + Ensino Fundamental + Ensino Médio) pode ser organizada, indiferentemente, em anos, semestres ou ciclos, além de outras formas. Na verdade, uma desregulamentação do sistema de ensino. A variante do ciclo chamada de progressão continuada foi contemplada no artigo 32, em seu § 2º, que libera os diferentes sistemas estaduais e municipais para adotar regimes de promoção automática, embora ressalve que é "sem prejuízo da avaliação do processo de ensino-aprendizagem".

Foi na base dessa generalização legal proporcionada pela LDB/1996 que o Estado e o Município de São Paulo adotaram o regime de progressão continuada em 1998, depois das experiências parciais já mencionadas.

OS FUNDAMENTOS DA PROGRESSÃO CONTINUADA: UMA IDEOLOGIA DA DESTRUIÇÃO DO ENSINO

Mainardes relaciona os fundamentos e princípios do regime de ciclos ao modelo da progressão continuada. As linhas abaixo estão dedicadas a mostrar a afinidade desses fundamentos e princípios, seja com os cânones da pedagogia renovada, velha de cem anos e representativa da decadência da sociedade burguesa em matéria educacional, quanto com sua retomada crítica por parte da sociologia da educação e o desaguar de tudo isso nas atuais políticas do Banco Mundial e da União

Europeia, no quadro de confisco dos direitos populares nos vários países.

Nos estudos educacionais, generalizou-se a ideia de que a escola moderna, na figura da escola pública, gratuita, centrada na transmissão de conteúdos sistematizados (currículo), seria produto de uma decisão consciente da burguesia ascendente (entre os séculos XVII e XIX) em face das novas necessidades da sociedade baseada na produção de mercadorias em larga escala. Sob esse aspecto, tal escola seria progressista tão somente no aspecto de que expressaria no campo educativo a passagem do feudalismo ao capitalismo, mas que, de resto, seria função pura e simplesmente das necessidades do capital que, em vista disso, se encarregaria de bom grado de universalizá-la em redes nacionais. Essa visão é a base de uma estigmatização da escola como agência de transmissão da ordem burguesa, formando seus dirigentes, de um lado, e fornecendo mão de obra ao sistema produtivo, de outro. Essa visão unilateral, onde a luta de classe não existe e a burguesia molda o mundo ao seu bel prazer, acaba por embelezar o próprio processo no sentido de que, bem ou mal, ainda que de forma parcial e unilateral, os capitalistas teriam proporcionado aos trabalhadores certa qualificação para que se constituíssem como membros da classe operária.

Está fora de questão que a escola moderna, de fato, corresponde, no campo educativo, às novas formas de produção surgidas do crescente domínio do capital que se consolidaria nas seguidas revoluções que instituíram a forma política desse domínio, o Estado burguês. Do que se esquece é que, no curso da formação das nações modernas, de seus Estados, os trabalhadores combateram, sem cessar, por seus interesses. De certa forma, buscaram tornar efetivo o que as revoluções burguesas (protagonizadas, entretanto, pelas massas) prometeram em termos de liberdade e igualdade. Em certa medida, a instituição da formalidade jurídica, a igualdade perante a lei, as instituições democráticas, os sistemas representativos se produziram antes pela ação das massas, empenhadas em ampliar suas condições de organização e de luta, invariavelmente com a oposição, às vezes sangrenta, da burguesia.

Demerval Saviani[7] explica que é sobre a desigualdade básica da sociedade burguesa que se erguem os sistemas nacionais de ensino e a extensão da ideia da instrução universal. Justo. Contudo, o autor nos diz a seguir que tal obra respondia à pura necessidade de elevar o trabalhador da condição de servo à de cidadão, participante do sistema político, em razão de consolidar o sistema democrático burguês.

---

7 SAVIANI, Dermeval. *Escola e democracia*. Campinas: Autores Associados, 1995, p. 51.

Mesmo esse autor, que, diferentemente dos críticos de esquerda da escola, tem o enorme mérito de defender a escola como conquista da humanidade, desdenha nessa passagem tanto as lutas políticas gerais da classe operária pela democracia, em oposição à burguesia, que procurava negá-la ou ao menos limitá-la (veja-se, por exemplo, a onda revolucionária de 1848-1852, em que, na luta por estender a democracia, a classe operária aparece no cenário político como classe autônoma, com seus próprios métodos de luta), muito longe da fantasia em que a burguesia converte servos em cidadãos, como desdenha a batalha pelo ensino escolar, quando as classes dominantes se empenhavam em limitar esse ensino à capacitação imediata para o trabalho fabril. Sobre isso, é instrutiva a leitura do clássico relato de Friedrich Engels[8], *A situação da classe operária na Inglaterra*:

> Se a burguesia não lhes deixa da vida mais do que o estritamente necessário, não nos deve surpreender vermos que ela lhes dá tanta cultura quanto seja necessário ao seu próprio lucro. E de fato não é muito. Comparados com a população, os meios de instrução são incrivelmente reduzidos[9].

8 *Op. cit.*, São Paulo: Boitempo, 2008.

9 ELIARD, Michel. *El fin de la escuela*. Madrid: Grupo Unisón Ediciones, 2002.

Depois, em *O Capital*, Marx vai registrar, citando G. Garnier, tradutor francês de A. Smith, a necessidade que a burguesia tinha de fornecer alguma instrução aos trabalhadores, mas, ao mesmo tempo, seu pouco entusiasmo com tal investimento, particularmente, se feito por parte do erário:

> Para evitar uma degeneração completa do povo em geral oriunda da divisão do trabalho, recomenda A. Smith o ensino popular pelo Estado, embora em doses prudentemente homeopáticas. Coerente, combate contra essa ideia [...] G. Garnier [...]. Segundo ele, a instrução popular contraria as leis da divisão do trabalho e adotá-la seria "proscrever todo o nosso sistema social". "Como todas as outras divisões do trabalho", diz ele, "a que existe entre trabalho manual e trabalho intelectual se torna mais acentuada à medida que a sociedade [...] se torna mais rica" [...]. "Deve, então, o governo contrariar esta divisão e retardar esta marcha natural? Deve empregar uma parte da receita pública para confundir e misturar duas espécies de trabalho que tendem por si mesmas a se separar".[10]

Não é à toa que, tanto na plataforma inserida no Manifesto Comunista, quanto nos textos

---

10 Marx, K.; Engels, F. *Textos sobre educação e ensino*. São Paulo: Editora Moraes, 1992, p. 23.

programáticos deixados por Marx e Engels – por exemplo, na Instrução aos Delegados ao Conselho Geral da Associação Internacional dos Trabalhadores (1ª Internacional) e na *Crítica ao Programa de Gotha*[11]– a reivindicação de educação e redução ou extinção do trabalho infantil sejam recorrentes justamente porque se, indubitavelmente, a constituição de redes nacionais de ensino nos principais países capitalistas é de fato um traço da burguesia ascendente, sobretudo no século XIX, a luta de classe dos trabalhadores exerce uma efetiva pressão nesse sentido. Lembre-se aqui que, na França, a rede escolar nacional, mencionada desde a Revolução Francesa, codificada tanto no Plano Nacional de Educação, no auge da radicalização da revolução, quanto no famoso Relatório Sobre a Instrução Pública de Condorcet (1792) só foram se realizar quase cem anos depois na chamada Escola de Jules Ferry, instituída sob pânico, em face da Comuna de Paris (1871)[12].

---

11 As *Instruções* consistem em um conjunto de diretrizes para uma resolução programática da Internacional dirigido aos delegados ao Conselho Geral que se reuniria no segundo semestre de 1866. A *Crítica ao Programa de Gotha* é um conjunto de notas de Marx sobre o projeto de programa que seria adotado no congresso de unificação do grupo de militantes alemães da cidade de Eisenach, de quem Marx e Engels eram próximos politicamente, com a corrente de Lassale, com vistas a criar um único partido operário na Alemanha. Gotha era a cidade alemã onde se daria o congresso.

12 Revolução proletária levada a cabo em 1871 pelos trabalhadores e pelo povo de Paris que instituiu o que se considera o primeiro Estado operário da História. Esmagada dois meses depois pelas forças da ordem, a *Comuna*, tendo nesse breve tempo colocado na ordem do dia as principais aspirações da classe operária, sem tempo para realizá-las, obrigou a burguesia francesa a atender antigas reivindicações democráticas, como a da constituição de um sistema nacional de instrução.

Evidentemente que, com essa argumentação, não se quer negar o lugar da escola no movimento burguês, em geral, progressista que opunha a igualdade (que a burguesia, contudo, não pode fazer ultrapassar o limite da formalidade jurídica) à desigualdade que fundava o regime aristocrático e, dentro do qual, a ideologia do esclarecimento universal (ensino para todos) cumpriu um papel essencial. Essa necessidade da luta ideológica fincava suas raízes na própria necessidade material da sociedade burguesa. Diz-nos Marx:

> O ensino obrigatório, que dotava a Prússia de um grande número de indivíduos providos de conhecimentos elementares, e de escolas médias para a burguesia, era proveitoso para a burguesia no mais alto grau. Com o progresso industrial, chegou a ser inclusive insuficiente[13].

Rousseau, em seu tratado sobre educação dos jovens, *Emílio*, vai dizer que "tudo é bom quando sai da mão do autor das coisas. Tudo degenera quando passa à mão dos homens". Trata-se da defesa da igualdade natural (direito natural) que se oporia à desigualdade construída, não natural, da sociedade. No campo das ideias, Rousseau expressava esse período revolucionário da burguesia.

---

13 *Idem*, p. 25

Condocert[14], de sua parte, e como um intelectual do Iluminismo, advogará, no seu famoso *Rapport* (Relatório de 1792 à Assembleia Legislativa), sobre o caráter público e estatal da escola que deveria ser criada como resultado do processo revolucionário iniciado em 1789. Para ele, a instrução é necessária, em primeiro lugar, porque, com a passagem da soberania da figura do monarca para o povo, esse povo "pode, por falta de conhecimentos, se tornar seu próprio tirano". Em segundo lugar, porque o ignorante "não é jamais autor de suas próprias ideias. Não há liberdade sem autonomia da razão"[15]. Como a questão de assegurar o justo exercício da soberania é um problema de liberdade pública, e não privada, a instrução deveria ser assegurada e controlada pelo Estado[16].

Se esse era o espírito da burguesia em sua fase revolucionária, o que se quer ressaltar é que a parcial e unilateral realização do programa democrático-burguês, na prática, se deu quase sempre em oposição à própria burguesia. É Engels[17] quem registra em "O papel da violência na Histó-

---

14 Marie Jean Antoine Nicolas de Caritat, Marquês de Condorcet (1743-1794), um dos líderes ideológicos da Revolução Francesa, matemático e filósofo, preconizou as bases de um sistema de instrução público, gratuito e laico.

15 *Apud* Saviani, D. *História das ideias pedagógicas no Brasil.* Campinas: Autores Associados, 2008.

16 *idem, ibidem*

17 *op. cit.,* p. 26

ria", que a despeito da necessidade de certa qualificação da força de trabalho, as camadas menos potentes dos capitalistas lamentam "o alto custo destas instituições (a escola pública) e da consequente agravação fiscal".

Esse esclarecimento é importante porque uma das bases do ataque à escola por parte dos porta-vozes do que se poderia chamar de *alternativismo* (escola alternativa, modelos alternativos) é a ideia de que a escola e os métodos tidos como tradicionais seriam essencialmente uma imposição das classes dominantes contra os trabalhadores e, por isso, indigna de ser por eles defendida.

Como veremos adiante, essa visão não é diferente da crítica aportada pelas pedagogias renovadas, politicamente conservadoras, e pelas recentes alternativas avançadas pelas instituições do imperialismo.

Vejamos, então, de que princípios e fundamentos partem os partidários do ensino em ciclos e da progressão continuada.

> *A escola precisa atender às diferenças individuais, por isso, os conhecimentos a serem adquiridos devem ser particulares, determinados pelas características pessoais de cada aluno e pelas suas experiências individuais. Assim,*

> *um currículo único, baseado na generalização da experiência humana (teoria e ciência) seria indesejável. O regime de ciclos permitiria, ao contrário, uma progressão ao longo dos anos escolares conforme os critérios pessoais e peculiares de cada aluno.*

Comecemos lembrando de onde vem a ideia de conhecimentos válidos e de transmissão de conhecimento que marcam a escola moderna. Saviani[18] nos ajuda a responder a esta questão:

> A produção da existência implica no desenvolvimento de formas e conteúdos cuja validade é estabelecida pela experiência, o que configura um verdadeiro processo de aprendizagem. Assim, enquanto os elementos não validados pela experiência são afastados, aqueles cuja eficácia a experiência corrobora necessitam ser preservados e transmitidos às novas gerações no interesse da continuidade da espécie.

Como vemos, ao contrário dos que advogam a natureza intrinsecamente morta dos conteúdos escolares, notemos que eles são produto da experiência e sua validade é dada pela utilidade. E é sua eficácia que o torna parte do patrimônio da humanidade. Os conhecimentos acumulados não perduram, portanto, por arbitrariedade, mas

18 2007, p. 154

se tornam clássicos pelo lugar que jogam na continuidade da espécie. Sua sistematização, assim, corresponde a uma necessidade de transmiti-lo às novas gerações. Não seria exagero dizer que é dessa raiz que surge a escola, como agência especializada na transmissão de conhecimentos, naturalmente marcada pelo modo de produção em que surge e daqueles através dos quais se desenvolveu.

A escola moderna, como mencionado acima, resulta de um duplo movimento. Do ponto de vista da burguesia, a escola expressa, no plano educativo, a igualdade em oposição à desigualdade fundante do Antigo Regime[19]. Do ponto de vista da classe operária, resulta da luta dos trabalhadores para impor uma efetiva igualdade no acesso ao conhecimento de forma a superar o caráter puramente formal da democracia burguesa.

Já no século XVII, a Didática Magna de João Comênio[20] predicava o ensino de tudo a todos e o acesso de todas as crianças, inclusive das meninas, à escola, em oposição ao ensino individualizado e elitista, de teor religioso que predominou na Idade Média.

---

19 O Regime de domínio da nobreza egressa do período medieval. Por oposição, o novo regime seria aquele surgido das revoluções burguesas.

20 Jan Amos Komenský, ou Comênio (1592-1670), foi um bispo protestante da Igreja Moraviana, educador, cientista e escritor checo. Como pedagogo, é considerado o fundador da didática moderna.

A filosofia que estava adjacente a esta perspectiva era a de que os homens eram naturalmente iguais. Sob esse aspecto, a escola moderna surge com base em um igualitarismo formal que, em suas lutas, a classe trabalhadora vai buscar que se torne real. Assim o pressuposto da escola moderna é o da possibilidade de que todos possam se apropriar do conhecimento humano acumulado, e que, para tanto, esse conhecimento esteja sistematizado e sintetizado em um currículo.

Essa perspectiva estava em sintonia com a posição da burguesia na luta de classes contra as oligarquias feudais, assim como a economia clássica de Adam Smith e David Ricardo[21] – expressão dos interesses da burguesia – eram científicas justamente porque podiam expor a verdade contra as velhas crenças consagradas. Mas ela será abandonada tão logo os capitalistas consolidam seu poder.

A partir de então, a ideia do esclarecimento universal, das luzes e da generalização da escola passará a aparecer como oposta aos interesses de perpetuar a sociedade capitalista, ela mesma, fundada na ideologia e não na elucidação científica.

---

21 Adam Smith e David Ricardo, cientistas ingleses do século XVIII, considerados os pais da economia política (burguesa). Marx os considerava verdadeiros cientistas, na medida em que desvelaram os mecanismos da economia feudal e defenderam sua substituição pela economia de mercado, em oposição aos economistas da segunda metade do século XIX que Marx considerava apenas ideólogos do regime burguês, no sentido de que justificavam/mistificavam o sistema capitalista.

Marx vai localizar, nesse momento, a degeneração da economia clássica e científica, em economia política, ideológica e justificadora do sistema de dominação.

Mesmo assim, ao longo do século XIX, a burguesia terá potência econômica e social para responder ao combate da classe operária pela democratização do ensino e para estabelecer seu controle ideológico sobre ele. Assim, os principais países capitalistas constituirão sistemas de educação consubstanciados em redes nacionais de ensino.

No plano das ideias pedagógicas, entretanto, a virada do século XIX para o século XX será marcada pelo declarado abandono da perspectiva da escola igualitária e da transmissão do conhecimento científico. Essa nova orientação será apresentada na forma, de um lado, de um renascimento do ensino personalizado, centrado na peculiaridade individual e, de outro, do abandono da transmissão da teoria e da generalização científica em favor de uma espécie de autoaprendizagem centrada nas experiências de cada indivíduo e ritmada puramente pelas suas possibilidades ambientais e característica psicológicas. Era o advento da Pedagogia Renovada, ou Escola Nova, advogada por autores como John Dewey e

William Kilpatrick[22], representantes da filosofia neopragmática estadunidense, muito influente no Brasil a partir dos anos 1930.

Para Saviani[23], esta pedagogia

> [...] vai ter esse caráter reacionário, isto é, vai contrapor-se ao movimento de libertação da humanidade em seu conjunto, vai legitimar as desigualdades [...], a dominação, [...] a sujeição, [...] os privilégios.

Com efeito, para Anísio Teixeira[24], interpretando Dewey, a educação é reorganização e reconstrução da experiência individual ou social. O processo educativo estaria assim alheio à abstração, à generalização da experiência humana representada pela ciência e presa às circunstâncias imediatas

---

22 John Dewey (1859-1952), filósofo estadunidense da chamada escola neopragmatista. Levou os princípios de sua filosofia para o campo educacional, se tornando o "pai" das diferentes correntes (não diretivismo, escola ativa, rogerianismo) que, no Brasil, foram enfeixadas na denominação Escola Nova. Kilpatrick (1871-1965) foi seu colaborador e continuador. Dewey, um democrata sincero, presidiu a Comissão de Inquérito independente que julgou os crimes imputados a Trotsky durante os processos-farsa de Moscou (1936-1938), comissão que tomou seu nome.

23 1995, *op. cit.*, p. 52

24 Anísio Spínola Teixeira (1900-1971), jurista, intelectual e educador brasileiro, personagem central na história da educação no Brasil, nas décadas de 1920 e 1930, sendo um dos redatores do Manifesto da Educação Nova, de 1932, também conhecido como Manifesto dos Pioneiros, documento que funda o debate pedagógico no país. Difundiu entre nós, ao lado de Lourenço Filho e outros, os pressupostos do movimento da *Escola Nova*. Sua estranha morte (teria caído acidentalmente em um poço de elevador) é ora objeto de investigação, suspeita de ter sido o professor mais uma vítima do Regime Militar.

24 1975, p. 17

dos educandos. Os currículos e conteúdos ordenados deveriam ser assim abandonados e, note-se, a ideia de ensino afastada, em benefício de uma aprendizagem produzida pela experimentação do aluno, no seu ritmo próprio e em circunstâncias particulares. A velha aspiração de Comênio de 'ensinar tudo a todos' estaria obsoleta, mas também todas as perspectivas de generalização do saber por meio de redes e programas escolares.

É preciso observar, contudo, e a título de justiça, que não se pode reduzir a importância de Anísio Teixeira à difusão dos postulados escolanovistas no Brasil. Em contradição com esse ideário individualista, Teixeira se contou entre os defensores da escola pública e laica contra as correntes privatistas e católicas. O *Manifesto dos Pioneiros da Educação Nova*, de 1932, irá conter essa contradição, ao atacar o Governo Vargas, emerso da Revolução de 30, por sua inação na difusão da escola pública e por manter um pé entre os reacionários educadores católicos. Nos embates dos anos 1950, vai manter uma posição democrática contra os privatistas, agora tendo ao seu lado gente como Florestan Fernandes (*Manifesto dos Educadores mais uma Vez Convocados*). Descolado do movimento operário, vai julgar que sua batalha publicista pela escola poderia ser travada inclusive no quadro dos governos conservadores, que efetivamente veio a integrar.

Mas os advogados da progressão continuada não vão se inspirar apenas na ideologia reacionária da Escola Nova, movimento do qual separam os aspectos democráticos da pregação de Anísio Teixeira. Eles também se referenciam na transferência destas ideias gerais da Escola Nova para o meio popular, representado pela pedagogia de Paulo Freire, no que Saviani[25] vai chamar de *Escola Nova Popular*.

A retórica da progressão continuada, porém, parece se inspirar sobretudo nas correntes da sociologia da educação, principalmente de matriz francesa, populares na década de 1970, como as ideias de Bourdieu e Althusser.

Essas correntes, ainda muito influentes, caracterizaram-se por uma permanente denúncia da escola tal como se constituiu no quadro da luta de classes, caracterizada como principal agência promotora da seleção social e, portanto, da reprodução da ordem capitalista. Elas são tidas como críticas ou de esquerda, representadas principalmente pelo sociólogo francês Pierre Bourdieu e pelo filósofo stalinista Louis Althusser, defendem que, ao veicular saberes, a escola tão somente mascara sua verdadeira função, "a distribuição de privilégios e a legitimação desta distribuição [...] a *escola libertadora* seria o novo ópio do povo"[26].

---

25 1995, *op. cit.*, p. 23

26 Bourdieu *apud* Éliard, 2002, p. 106, itálicos no original

Como diz Éliard[27], tratando do livro de Bourdieu, *Les héritiers* (Os herdeiros), esta questão se reveste da maior importância, pois, por ela, chega-se à conclusão de que a escola deve ser colocada não no rol das conquistas democráticas arrancadas pela classe operária por meio da luta de classes, mas entre as armadilhas montadas contra os trabalhadores pela burguesia. Assim, não deve ser objeto de defesa por parte dos trabalhadores, mas ao contrário, deve ser denunciada e combatida ou, pelo menos, substituída por formas "alternativas" de educação e escolarização.

Passemos por alto o lugar absurdo atribuído à escola, de reprodução da ordem capitalista e de sua divisão do trabalho, que não mais seria realizada no próprio processo de produção, mas seria objeto de distribuição pelo sistema escolar. Concentremo-nos na forma como esse processo se daria.

Para Bourdieu e seu parceiro Jean Claude Passeron – na sua principal obra sobre educação, o estudo em dois livros chamado *A reprodução: elementos para uma teoria do sistema de ensino*, – a instrução oferecida pelo sistema escolar seria somente uma máscara para esconder sua verdadeira função, a distribuição dos alunos provenientes das classes superiores às posições de mando na

---

27 *idem, ibidem*

sociedade e os alunos provenientes das classes populares às posições subalternas.

Para chegar a essa conclusão, Bourdieu e Passeron criaram o conceito de *capital cultural* que passaria por herança da família aos filhos. Ao longo da vida escolar, as diferentes heranças culturais seriam desenvolvidas e legitimadas pela autoridade e pelo peso do prestígio da escola, sob a forma de diferentes qualificações segundo a origem de classe do aluno, culminando em uma carreira escolar e acadêmica mais longa e completa para os egressos das camadas sociais superiores e em uma trajetória mais curta e resumida para aqueles destinados ao trabalho manual. A escola, assim, seria um instrumento de perpetuação da ordem estabelecida, portadora, não de possibilidade de acesso ao conhecimento, mas responsável pela reprodução, por meio da legitimação e certificação, da propriedade do "capital cultural" que os herdeiros já trazem de sua posição social.

Ora, os defensores dos sistemas de ciclos e da progressão continuada dizem justamente que os sistemas seriados (que contemplam uma avaliação mensurável e a reprovação) representariam essa seletividade por meio de imposição às crianças das classes populares dos códigos que não podem dominar, distintivos da cultura da classe dominante, ao passo que "a escola em ciclos reconhece a pluralidade e a diversidade cultural [...] e que ela precisa ser considerada e incorporada na dinâmica pedagógica, ou seja, nas propostas curriculares, na organização do trabalho pedagógico [...]". Descarta-se, assim, a ideia do ensino da ciência acumulada universalmente pela humanidade em favor de uma suposta cultura própria advinda da "herança" cultural de cada aluno. De outro lado, note-se, a cultura e a ciência sistemáticas vistas como o código da classe dominante permaneceriam nas mãos exclusivas das... classes dominantes.

Essa visão, por consequência, levaria a considerar os processos avaliativos mensuráveis (por nota, conceito, etc.) e o sistema de promoção (aprovação, reprovação) por série ou ano legitimadores desta cultura estranha às classes populares. 'Inadequada' a elas que, justamente por causa dessa 'inadequação', teriam nas provas e na reprovação mecanismos de exclusão da escola. A escola teria que, para não ser seletiva ou excludente, adotar conteúdos alternativos, baseados nas vivências de seu público e estigmatizar a ciência constituída simplesmente como a cultura das camadas dominantes, ao mesmo tempo em que deveria adotar critérios de promoção escolar adaptados às condições de vida de seus usuários.

É exatamente o que propalavam as correntes chamadas de reprodutivistas, como aquela de

Bourdieu e Passeron. Para eles, a exclusão e a seletividade resultariam justamente do fato de que os alunos das classes populares serem chamados a "decifrar um registro de significações que não corresponde a sua cultura original", ou seja, a lidar com a ciência e a cultura sistemáticas. Levada até o fim, essa visão resultaria em que as classes populares deveriam abandonar a escola e a cultura sistematizada nas mãos da burguesia e criar um sistema próprio alternativo. O processo de aprendizagem e sua avaliação deveriam assim se deslocar para esse campo alternativo, reduzido à herança cultural própria das classes populares, uma vez que a causa da exclusão e o processo de seletividade social promovida pela escola tradicional efetivar-se-iam -se por meio da imposição aos alunos dessas classes da indecifrável herança das classes dominantes.

O leitor certamente já ouviu essa retórica nos meios educacionais brasileiros. Aqui ela foi extraordinariamente popularizada nos meios acadêmicos e escolares em função, primeiro, da hegemonia das pedagogias renovadas na formação acadêmica dos professores e, depois, da influência de Paulo Freire que reproduziu teses semelhantes visando à alfabetização de adultos no meio popular (*Escola Nova popular*, na expressão de Saviani). Ressalve-se que Freire desenvolveu suas ideias pensando nas formas não escolares de educação voltadas para adultos, mas essas concepções foram indiscriminadamente generalizadas, inclusive como argumento a favor do sistema escola de ciclos e de progressão continuada.

A conclusão obrigatória desse desenvolvimento é que a escola e seus conteúdos e mecanismos de avaliação nada mais são do que uma imposição da herança cultural das classes dominantes sobre as camadas dominadas, cuja função é fazer com que as crianças egressas das camadas superiores tenham bom desempenho e obtenham a legitimação escolar (diploma) de sua propriedade cultural, encaminhando-as aos postos de mando na sociedade.

Inversamente, a impossibilidade de domínio pelos elementos das classes populares desses códigos (uma vez que não são geneticamente detentores dos mesmos) os seleciona para as funções subalternas ou para a marginalidade. A escola, perpetuadora e organizadora da divisão capitalista do trabalho, é então um mal a ser combatido e não uma aquisição democrática da luta de classes a ser defendida.

Bourdieu e Passeron, identificando a transmissão dos conteúdos com a transmissão do sistema de privilégios, vão dizer sem meias palavras que "em uma sociedade que se reclama de ideais democráticos, protege-se ainda mais os privilégios mediante sua transferência descarada"[28]. Ao contrário de Marx e Engels, que, compreendendo o caráter formal da igualdade jurídica, combaterão pela liberdade real na base das lutas pela realização cabal da democracia, esses pensadores supostamente radicais considerarão inútil o combate pela escola que, ao fim e ao cabo, seria apenas a defesa da reprodução da ordem social vigente. Não é por nada que Saviani[29], citando George Snyder, vai resumir estas teses na fórmula "Bourdieu-Passeron ou a luta de classes impossível".

Entretanto, não se pode acusar todos os reprodutivistas de infidelidade ao marxismo, pois Bourdieu não reivindica esta herança (embora procurem identificar sua noção de reprodução àquela exposta por Marx). No entanto, foi em nome de concepções parecidas que o filósofo stalinista Louis Althusser apresentou sua tese pretensamente marxista dos Aparelhos Ideológicos de Estado (AIE), outra das visíveis influências dos defensores do regime de ciclos ou de progressão continuada.

Althusser, no quadro da defesa do Estado burguês na França pelo PC francês, vai considerar que o poder é um exercício, sobretudo, ideológico e seria exercido não pelo aparato estatal centraliza-

28 Bourdieu *apud* Éliard, *op. cit.*, p. 108

29 1995, *op. cit.*, p. 32

do, mas por uma rede de Aparelhos Ideológicos de Estado (AIE) que abrangem praticamente todas as instituições sociais, inclusive os sindicatos e partidos operários (tudo seria, em alguma medida, Estado), encarregadas de inculcar a ordem burguesa por meio de uma naturalização desta dominação. Naturalmente, o filósofo stalinista vai reconhecer a dimensão coercitiva do Estado, mas esse aspecto não será digno de sua apreciação, mostrando o peso decisivo que atribuía à "dominação ideológica ou cultural".

Mas Althusser considerará que o aparelho ideológico por excelência seria a escola: "o aparelho ideológico de Estado que foi colocado em posição dominante nas formações capitalistas maduras [...] é o Aparelho Ideológico Escolar"[30]. Com efeito, outros, como Baudelot e Etablet, considerarão que a escola estaria em posição de ser encarregada de "proibir o desenvolvimento da ideologia proletária, da luta revolucionária, no fim das contas, da revolução e da ditadura do proletariado".

Depois do terremoto de 1968, na ânsia de preservar as instituições do Estado e o Estado mesmo, esses pensadores stalinistas ou influenciados pelo stalinismo vão transferir o poder para as variadas instituições sociais, implicando os oprimidos, professores, sindicalistas, etc. na dominação capitalis-

30 Althusser, 1984, p. 53-54

ta que, aparentemente, não se exerceria primeiro pela propriedade dos grandes meios de produção, mas pela difusão da ideologia dominante. Com uma retórica esquerdista, trata-se de desviar a atenção dos trabalhadores da propriedade privada e do Estado erguido sobre ela.

Althusser, contudo, vai adiante. Para ele, os responsáveis pelo exercício prático dessa obra seriam os professores. Não é por acaso que Althusser conclui seu famoso ensaio apontando o dedo contra os professores, que "contribuem até pelo seu devotamento a manter e alimentar a representação ideológica da escola que a torna tão *natural* [...] quanto a Igreja era natural [...] para os nossos antepassados"[31].

Os que advogam um ensino, conteúdos e progressões alternativos, ainda hoje, procuram em Paulo Freire o intérprete dessa rejeição à escola, elevada injustificadamente a mantenedora central da sociedade capitalista e, portanto, digna de ser combatida e substituída por outros métodos. Defensores atuais dessa posição, concluindo um texto em que fazem a apologia de Althusser, podem então escrever coisas como:

> Talvez Freire tenha sido, aqui no Brasil, quem melhor entendeu isso e lutou por uma educação diferente. Não apenas lutou como conse-

---

31 Althusser, *op. cit.*, p. 68

guiu desenvolver um método de educação popular que não estava ligado ao governo e aos interesses burgueses. Parece absurdo, porém seu método não partia dos bancos escolares, de uma educação tradicional, narrativa, pois seu comprometimento estava com o chamado oprimido enquanto classe[32].

"Um método que não estava ligado ao governo e aos interesses burgueses". O que significa isso? Abandonar a luta pela escola pública? Abandonar a luta pela escola? E o que seria um método desligado "dos interesses burgueses"? Como o conjunto do conhecimento, há bons trezentos ou quatrocentos anos foi produzido no seio da sociedade burguesa, isso significaria abandonar esse patrimônio? Vale dizer, nessa esfera da educação, significaria liquidar a luta para acessar a produção social que a burguesia cuidadosamente apropria privadamente, legando às massas frações dele "homeopaticamente e a conta-gotas", para lembrar a da famosa divisa de Adam Smith?

Curiosamente, os autores se admiram do fato de que essa linha "não parta dos bancos escolares, de uma educação tradicional". O que parece lógico, pois se trata de fato de liquidar a escola e a educação pública (mantida pelo Estado), "pilares de sustentação e da manutenção da sociedade

---

32 Linhares; Mesquida; Souza, 2014

burguesa". Os governos, acossados pela demanda popular pelo ensino e afundados nas políticas de superávit primário realizado à custa dos serviços públicos, não seriam antipáticos a tal alternativa.

Esses epígonos de Freire parecem, entretanto, conhecer mal a história do educador brasileiro. Guardadas as controvérsias teóricas com ele, o seu célebre método procurava responder ao problema real de um país que detinha, nos anos 1950, 56,17% de analfabetos entre a população maior de 15 anos, presos às regiões rurais e destituídos de direitos. Seu método, quaisquer que sejam as questões controversas em torno dele, destinava-se a ajudar a mudar esse quadro. A transposição mecânica disto para uma proposta pedagógica escolar regular é, no mínimo, inconsistente.

Mais moderados na retórica antiescolar, mas na mesma linha, os defensores da progressão continuada vão advogar a mesma ideia do abandono do conhecimento produzido e acumulado socialmente pela humanidade (e apropriado privadamente pela burguesia) em favor de uma cultura própria das classes populares. Assim, a escola em ciclos "pode tornar-se menos seletiva [...] para as crianças e jovens das classes populares", um antídoto à "desigualdade e à exclusão social"[33]. Embora o autor reconheça que a desigualdade tenha origem

---

33 Mainardes, *op. cit.*, p. 17

na dominação de classe, fica evidente a ideia que a escola tradicional e seus métodos de organização e avaliação são a razão, pelo menos em parte, da seletividade e da exclusão.

São ideias sedutoras, popularizadas por décadas, sob diferentes formas (pedagogia nova, educação popular, reprodutivismo), na formação dos professores, e mesmo pela chamada contracultura, amplamente apadrinhada pelos meios de difusão cultural, que universalizou a ideia unilateral da escola como espaço da castração da juventude e de sua criatividade, atribuindo frequentemente ao professor, também de maneira unilateral, o papel de executor dessa castração. O disco e filme *The Wall* ou *Sociedade dos Poetas Mortos*[34], muito usados nos cursos de Pedagogia como ilustração do tradicionalismo pedagógico, por exemplo, embora retratem aspectos reais da vida escolar, acabam caindo nessa armadilha.

O que importa aqui é mostrar que as ideias emancipatórias da escola de ciclos ou progressão continuada não nasceram do nada. Elas fazem parte de uma longa tradição antiescolar própria do século XX quando a burguesia se inclinou para as ideias pedagógicas negadoras da perspectiva da apropria-

---

34 *The Wall*, álbum duplo de 1979 da banda Pink Floyd. *Pink Floyd – The Wall*, filme de 1982 do diretor Alan Parker. *Sociedade dos Poetas Mortos*, filme de Peter Weir, de 1989.

ção universal do conhecimento a pretexto das peculiaridades pessoais de classe ou de cultura.

> *b) A aprendizagem é um processo contínuo e progressivo, não podendo ser enquadro em uma anualidade e nem ser objeto de mensuração pois não obedece a uma progressão (currículo). O sistema de progressão dos alunos ao longo da vida escolar não pode obedecer a uma seriação fixa.*

Arroyo[35] invoca, a favor dos ciclos e da progressão continuada, a ideia de que "o processo de formação humana passa por tempos diferentes: tempo de infância, de adolescência, de juventude, de vida adulta". A ideia da escola por ciclo é a ideia do *ciclo da vida*. O que Arroyo chama de *fracasso escolar* se explicaria pelo desrespeito do *tempo da escola* pelo ciclo da vida. Para o autor, o contrário do ciclo da vida seria a lógica temporal institucionalizada, o sistema seriado.

Este sistema seriado, na crítica desses autores, é a forma do pecado essencial do sistema escolar: a "lógica transmissiva". Isto é, o pecado da escola é estar destinada a transmitir conhecimentos sistemáticos. Mainardes[36] afirma: "a escola em ciclos permitiria alterar o foco da transmissão do conhecimento para a construção [...]".

---

35 Mainardes, *op. cit.*, p. 15

36 *op. cit.*, p. 15

Por esse caminho, abandona-se a ideia de que os conhecimentos são cumulativos e se organizam em uma determinada ordem, onde certos aspectos necessitam da aquisição prévia de outros. Nega-se também, como consequência, a batalha para que os educandos avancem, de forma geral, em um mesmo ritmo, na aquisição desses conhecimentos. Longe de ser um objetivo a ser buscado, esse avanço médio seria algo antinatural, uma vez que, nesse caso, nem os conhecimentos contêm traços universais, constituídos socialmente (embora manipulados privadamente na sociedade de classes, manipulação cuja expressão é justamente a negativa de que estejam democraticamente disponíveis a todos), nem se pode aspirar a que, em uma certa fase da vida, todas as crianças e jovens possam tê-los internalizado. Mainardes[37] opõe a escola de ciclos, ou de progressão continuada, à perspectiva de uma aprendizagem simultânea.

Isso em nome do fim da reprovação, que, finalmente, seria expressão concentrada dessa inadequação do ritmo da escola ao ritmo da vida, dos conteúdos clássicos aos conteúdos vivenciais. Por isso, como os próprios apologistas dos ciclos e da progressão continuada defendem, a recusa às avaliações mensuráveis – testes, provas, aprovação e reprovação – está indissoluvelmente ligada a esse questionamento da transmissão do conhecimento.

37 *op. cit.*, p. 16

Mas não se explica como se liga a prática da não reprovação ao fim da seletividade e da exclusão. Da mesma forma, não se explica como se chega à conclusão de que "as limitações mais visíveis da escola graduada [sejam] os elevados índices de reprovação, a evasão escolar e os alunos em situação de distorção idade/série"[38]. Observe-se que o autor prefere encontrar a explicação para essas reais mazelas de nosso sistema de ensino no ponto de chegada, o fato da aprovação/reprovação, e não nas condições das redes escolares, nas condições de trabalho e de salário dos professores ou na situação socioeconômica dos alunos. Para o autor, a "ruptura com a reprovação e com o fracasso escolar" teria a qualidade intrínseca de promover um "sistema educacional não excludente e não seletivo". O contrário disso, a escola graduada, seria ela mesma expressão de uma "visão de homem, mundo e sociedade". Na falta de uma justificativa propriamente pedagógica apela-se para uma explicação de cunho psicologista, a de que a reprovação reforçaria a baixa autoestima dos alunos.

Note-se que as escolas privadas, o outro polo do sistema escolar brasileiro, em oposição à escola pública, a escola dos pobres, portanto destinada à carência e à falta de condições de ensino, não convivem com este dilema. Ali não há a angústia quanto à baixa autoestima do alunado. As classes

---

38 *idem*, p. 13

superiores sabem que o teste de conhecimentos é necessário ao acesso de novos conhecimentos, ou, detentora dos privilégios sociais, podem optar por aprovações apenas fictícias, visto que suas novas gerações já têm assegurados os postos sociais superiores.

Os trabalhadores, entretanto, precisam aprender. E precisam de um sistema que lhes assegure um acesso efetivo ao conhecimento. Como Engels no texto já citado nos lembra, a burguesia não quer legar às jovens gerações da classe operária senão os conhecimentos imediatos, necessários a habilitá-las diretamente ao mundo do trabalho. Aqui se coloca um aspecto decisivo dessa discussão, o direito da classe operária e das camadas populares em geral ao conhecimento abstrato, generalizado, teórico. Porque aí está toda a questão de um conhecimento da totalidade dos processos humanos. A teoria não é senão um conjunto de generalizações, universalizações de conhecimentos, abstração incontornável na compreensão dos diferentes fenômenos naturais e sociais.

Nisso residia a igualmente formal noção de um ensino desinteressado, isto é, que não estivesse ligado a nenhuma atividade profissional ou produtiva imediata, mas que, justo por isso, seria necessária a um domínio de diferentes formas particulares de profissões e atividades produtivas, na medida em que permitiria uma visão de conjunto de qualquer uma delas. Estamos aqui diante, guardadas as diferenças de mediação entre produção material e ensino, de uma expressão pedagógica da divisão do trabalho entre trabalho intelectual e trabalho manual.

O que se entende por trabalho intelectual é exatamente a capacidade de dominar a produção no seu conjunto, transferindo a organização geral do trabalho para as máquinas, programas e aplicativos, controlando-os e reorganizando suas funções sempre que necessário, para o que é predominante o conhecimento técnico e socioeconômico abstrato, geral, desinteressado. Do outro lado, temos o trabalho manual, cinzento, impessoal, sem características particulares, para o qual é necessário ou um conhecimento geral, mas elementar (ler, escrever, contar, manipular este ou aquele programa de computador), às vezes acrescido de uma formação complementar (profissional) sempre ligada a uma atividade particular, focalizada, ou uma habilidade efetivamente limitada a um único movimento corporal repetitivo.

Retomamos aqui esse aspecto para demonstrar que o conteúdo da ideia do fim da avaliação mensurável (aquela baseada em notas ou conceitos, bem como na superação consecutiva de diferentes graus) está ligado àquela outra ideia de uma aprendizagem do peculiar, do particular, do distintivo da vivência de indivíduos ou classes particulares. Os teóricos da progressão continuada, sob esse aspecto, mostram-se avessos ao ensino dos conteúdos constituídos socialmente ao longo do domínio social da burguesia e por ela apropriados privadamente. Tal atitude parece desaguar em um reforço, ainda que involuntário, da divisão do trabalho capitalista por meio de uma posição pedagógica que nega o "ensino de tudo a todos", isto é, do ensino da teoria e dos conhecimentos sistemáticos.

De passagem, assinalemos que as atuais políticas de ensino profissionalizante, inclusive nas instituições de ensino superior, fundam-se, justamente, nessa negação do ensino abstrato, teórico, sob a alegação de, em troca, favorecer a um ensino útil, ligado à produção, sem lugar para disciplinas de conteúdos universais. Mas nessas instituições, igualmente, reforçam a ideia de um ensino ligado à vivência comunitária e local do aluno, necessário a formar habilidades que os capacite como empreendedores em uma sociedade em que o ensino profissionalizante é cada vez mais confrontado com a destruição do emprego formal, de que é ilustrativo a retomada do projeto de Lei 4330, em abril de 2015.

Saviani[39] vai notar – ao tratar dos métodos novos de Dewey, Kilpatrick e outros, mas que se aplicam

39 *op. cit.*, p. 55

perfeitamente aos arautos dos métodos emancipatórios, dos ciclos e das progressões automáticas – que os chamados métodos novos afastam-se da ciência. Quando Herbart[40] anunciou seus cincos passos formais para o ensino (a apresentação, a comparação e assimilação, a generalização e a aplicação), tinha em vista os passos do método empírico inaugurado por Bacon[41], que dividia a investigação científica em três passos: a observação (na exposição didática equivalente à apresentação, comparação e assimilação), a generalização (em Herbart, igualmente chamada de generalização) e a confirmação (a aplicação na pedagogia herbartiana).

De fato, esses passos procuravam dar ao ensino a sustentação das etapas da investigação empírica. Nada se pode aprender de um assunto se não se passa em revista ao que já se sabe previamente, a preparação. A partir daí, pode-se apresentar novos aspectos do tema, que devem ser comparados ao que já se sabia, criando um elo lógico entre as informações prévias e as novas, em um processo de assimilação. A seguir, passava-se a verificar a validade universal desses dados para, finalmente, utilizá-los na resolução dos problemas. Trata-se do mal afamado sistema de graduação. Pior, a passa-

---

40 Johann Friedrich Herbart (1776-1841), filósofo, psicólogo, pedagogista alemão, fundador da pedagogia como disciplina acadêmica.

41 Francis Bacon (1561-1626), 1° Visconde de Alban, foi um político, filósofo e ensaísta inglês, considerado o fundador do método empírico, base da ciência moderna.

gem a um novo estágio pressupõe a aprendizagem do anterior. Sim, é o igualmente mal afamado sistema de provas e, finalmente, sim, Herbart, herdeiro do renascentista Comênio e das Luzes imaginava esse método como universal, voltado para uma aprendizagem coletiva média.

Aparentemente, em que pese as mazelas da sociedade burguesa, esse método fundado na lógica empírica foi a mola propulsora da perpetuação dos conhecimentos clássicos. Obviamente, como dissemos, esses passos são formais. Na sociedade burguesa, a tendência, após o fim da fase progressiva do regime capitalista, foi de cristalizar os conteúdos escolares, tornar a aprendizagem um ato mecânico, convertendo os passos formais de Herbart na forma, de fato, da desatualização da escola e da ossificação dos conhecimentos escolares. Com razão, Lênin vai observar que a velha escola "obrigava a armazenar uma massa de conhecimentos inúteis, supérfluos, mortos".

Mas, no que diz respeito às classes trabalhadoras, predominou a tendência à negação de tais conhecimentos, o que tornou o acesso a eles objeto de permanente combate da classe operária por escola para todos.

O momento seguinte foi o da teorização de um método que partisse da negação da transmissão dos conhecimentos. O que os apologistas atuais da progressão continuada retomam sob a forma da denúncia do 'transmissismo', associado, como vimos e com razão, aos processos de progressão por etapas, com base em momentos previamente ultrapassados pelo aluno, isto é, de forma graduada.

Essa etapa foi a dos métodos novos, baseados, em sua forma mais conhecida, no interesse e na vivência de experiências próprias de cada indivíduo em escolas de elite equipadas com um sem número de recursos estimulantes que permitiriam acessar a formas de conhecimento mais sistemáticas a partir de experiências. Não é casual que essas modalidades pedagógicas fossem (como ainda são) procuradas pelas camadas médias e altas da sociedade na fase primária da escolarização dos seus filhos para, a partir de certa idade, inseri-los em escolas de cunho mais tradicional.

Quanto aos trabalhadores,

> [...] não só continuaram a ser educados à revelia dos métodos novos, como jamais reivindicaram tais procedimentos. Os pais das crianças pobres têm uma consciência muito clara de que a aprendizagem implica a aquisição de conteúdos mais ricos [...] de que a aquisição desses conteúdos não se dá sem esforço, não se dá de modo espontâneo; consequentemen-

> te, uma consciência muito clara de que para se
> aprender é preciso disciplina [...] eles exigem
> mesmo do professor a disciplina.[42]

Na experiência europeia e estadunidense, esses experimentos pedagógicos se realizaram no nível das classes abastadas, sob a forma de escolas-laboratório, cujo exemplo extremo foi a Escola de Summerhill de Alexander Neill[43]. Já no Brasil, sobretudo nos últimos trinta anos, é a escola pública que tem servido de laboratório de tais experimentos, sendo onde foram acolhidas pedagogias construtivistas, reflexivas, projetos da cidadania; todas elas focalizadas na construção do conhecimento em oposição à transmissão, mas com resultados práticos pífios.

A ideia da transformação do sistema seriado anual (ou outro) em uma progressão continuada se firma na ruptura com a ideia de elevação dos alunos ao conhecimento através de diferentes etapas formais, método que encontrava sua fundamentação na ciência moderna – que Marx buscava elevar a um patamar dialético, mas não

---

42 Saviani, 1995, p. 59-60

43 Fundada em 1921 por Alexander Sutherland Neill, no condado de Sufollk, Inglaterra, a Summerhill School é uma das pioneiras dentro do movimento das chamadas *escolas democráticas*. Ela se tornou ícone das pedagogias alternativas ao concretizar um sistema educativo em que o importante é a criança ter liberdade para escolher e decidir o que aprender e, com base nisso, desenvolver-se no seu próprio ritmo. De certa forma, mesmo que tendo em vista outra perspectiva social, as escolas de inspiração anarquista, ligadas às ideias de Francesc Ferrer y Guàrdia desenvolveram práticas parecidas.

abandonar ou estigmatizar. A passagem de um patamar a outro exigia a assimilação efetiva do anterior, numa ultrapassagem comprovada pela aplicação dos conhecimentos adquiridos por meio de provas e testes.

Coerentemente, os porta-vozes da progressão continuada denunciarão o conteudismo e a transmissão do conhecimento. A seguir, os conteúdos (como nas ideias das correntes reprodutivistas dos anos 1970) serão estigmatizados como pertencentes a outros interesses de classe e condenados, para serem substituídos por um conhecimento nascido da própria vivência coletiva e mesmo pessoal dos alunos – o culto à diferença em oposição à igualdade – em um movimento que, ao invés de elevar estas vivências ao nível de um conhecimento dos conteúdos clássicos, universais e ricos, condena-os a vegetar no nível do senso comum.

Tais renovadores, aliás, como vimos, muito bem recepcionados pelos governos, em vista da adoção dos ciclos e da progressão continuada em grandes redes escolares, retomam a filosofia da educação neopragmatista, que remonta cem anos, que identifica vida e educação no sentido de que não haveria uma fase da vida (a infância e a juventude) que devesse ser dedicada à educação formal e escolar; que, na prática, condena os alunos das redes públicas a uma educação quase espontânea, alheia à disciplina e ao esforço necessários para a aquisição do saber, isto é, condenam os jovens das classes trabalhadoras à negação do próprio conhecimento. Fundam-se também na chamada sociologia da educação das correntes pedagógicas antimarxistas do reprodutivismo francês, especialmente em Bourdieu e Althusser, que conduziram estudos cujo corolário é a negação da luta em defesa da escola, ou mais que isso, a denúncia da escola.

Os sindicalistas do magistério, os militantes do movimento popular nada têm a ver com essas invenções anticientíficas e reacionárias. Se não se identificam com a escola que a burguesia legou à classe trabalhadora, tampouco abrem mão das conquistas escolares da humanidade. Ao contrário, partem delas, resistem à destruição da escola, para dar ao lema 'ensinar tudo a todos' um conteúdo real, ao invés do sentido formal que as classes dominantes deram a ele.

PROGRESSÃO CONTINUADA E A POLÍTICA DO IMPERIALISMO PARA A EDUCAÇÃO

Entre os defensores da progressão continuada chama a atenção a ideia fundante, sobre a qual já nos estendemos, de que "o tempo da escola não é o tempo do indivíduo". A quebra do sistema seriado corresponderia a aproximar a aprendizagem do tempo peculiar de cada aluno. A essa ideia soma-se outra segundo a qual os conteúdos curriculares seriam um instrumento contrário aos alunos das classes populares, que, por sua vez, têm seus saberes desrespeitados pela escola.

Recordando essas premissas, não há como não se lembrar dos slogans que já há 25 anos orientam a política educacional do país, emanadas do chamado movimento Educação para Todos (EPT), impulsionado pela ONU através da UNESCO e pelo Banco Mundial como também pelas agências da União Europeia (UE).

A ideia de tempo do indivíduo tem uma leitura bastante atual que ou integra o ideário da escola como mercado ou o da introdução do mecanismo empresarial nas redes escolares públicas, no sentido de responder às necessidades das empresas de uma formação continuada da mão de obra, tendo em vista as contínuas inovações introduzidas na produção.

Mas comecemos pelo começo.

Já na obra de Dewey vamos encontrar referência a uma formação indefinida ao longo da vida, que os atuais defensores da progressão continuada retomam para atacar o programa escolar consubstanciando no currículo. Teixeira[44] afirma, em apoio às teses de Dewey:

> Ora, se a vida não é mais que um tecido de experiências de toda sorte, se não podemos viver sem estar constantemente sofrendo e fazendo

---

44 *op. cit.*, p. 16

experiências, é que a vida é toda ela uma longa aprendizagem. Vida, experiência, aprendizagem não se podem separar.

Tanto o Banco Mundial como a União Europeia advogam, desde os anos 1990, em favor da formação ao longo de toda a vida. Relativizam o lugar dos diplomas e vinculam a ideia de educação à de qualificação para o emprego[45]. Não se pode deixar de notar aqui um parentesco dessa ideia com aquela 'bem de esquerda' que desdenha o currículo e o ensino desinteressado, isto é, teórico, generalizado, aquele que se ocupa da ciência e da cultura. As instituições da globalização não deixaram por menos e passaram a defender uma educação vinculada diretamente aos seus interesses imediatos; regulada, nesta etapa, pela profunda crise que abala o sistema capitalista.

Tal educação dispensa justamente os ritos tradicionais dos sistemas de ensino, o cumprimento de um currículo em uma certa ordem de conteúdos durante um tempo determinado. É vendida como uma valorização da experiência própria do indivíduo, de sua autonomia na resolução de problemas, em um processo que não pode ser determinado em tempo fixo (afinal cada indivíduo tem seu ritmo próprio), culminando na afirmação de que seu futuro não será resolvido pela emissão

45 Éliard, *op. cit.*, p. 172-180

de um diploma. Impossível não lembrar dos itens que, segundo Mainardes[46], definem a organização dos ciclos: "os alunos poderão seguir trajetórias diferenciadas no decorrer do ciclo" em respeito aos ritmos e necessidades individuais; o fim da avaliação classificatória substituída por uma "avaliação contínua e formativa" que, contudo, não se indica como seria realizada.

Quanto aos conteúdos propriamente ditos, os documentos de Educação para Todos identificam-se, claramente, com os argumentos dos porta-vozes teóricos da progressão continuada: não se pode tentar impor a pessoas de origem social e cultural tão diferentes um mesmo padrão curricular. É preciso respeitar as pessoas, respeitar as culturas, respeitar as comunidades. O mais importante é aprender a aprender do que transmitir conhecimentos acumulados. Todos já conhecemos a retórica.

Com efeito, é nesse sentido que vai, por exemplo, a Declaração Mundial Educação para Todos: Satisfação das Necessidades Básicas de Aprendizagem, de março de 1990, aprovada na Conferência de Educação para Todos, em Jomtien, Tailândia, sob os auspícios da UNESCO, UNICEF, PNUD-Programa das Nações Unidas para o Desenvolvimento e Banco Mundial. Vejamos o que está dito no seu artigo 4º:

---

46 *op. cit.*, p. 19-20

Art. 4º. Concentrar a atenção na aprendizagem

> [...] as pessoas aprenderem conhecimentos úteis, habilidades de raciocínio, aptidões e valores. Em consequência, a educação básica deve estar centrada [...] não mais exclusivamente na matrícula, frequência aos programas estabelecidos e preenchimento dos requisitos para a obtenção do diploma. Abordagens ativas e participativas [...]

Já o artigo 5º da declaração afirma a ideia da aprendizagem ao longo de toda a vida, o que está na base seja da ideia da impossibilidade de organizar a escola em graus ou séries, seja daquela que remete à aprendizagem interessada direta para o mercado de trabalho: "[...] A aprendizagem começa com o nascimento".

Mas não é todo o programa da escola por ciclos e da progressão continuada? Nada de matrícula, de frequência, como também nada de conteúdo. Fica tudo centrado em conhecimentos úteis, sem teoria ou abstração. Portanto, concentrando-se em habilidades de raciocínio, necessárias ao trabalho imediato, bem como em um sistema de atitudes e valores. Certamente, não era bem isso que os reprodutivistas críticos dos anos 1970 imaginavam quando estigmatizaram os conteúdos validados classicamente.

Mesmo assim, o artigo 5º não deixa de afirmar a necessidade da educação universalizada, embora ressalvando que se deve "[...] levar em consideração a cultura, as necessidades e possibilidades da comunidade". Sublinhem-se aí as palavras *necessidade* e *possibilidade* que fazem aparecer, também nesse documento das agências do imperialismo, a ideia de adequar os temas da escola ao limite do grupo social, da comunidade, do indivíduo, o que nos remete a uma escola universal que recusa a cultura universal.

Na continuidade, as diretrizes do imperialismo serão incorporadas plenamente na atual LDB, que destaca:

> Artigo 23: A educação básica poderá organizar-se em séries anuais, períodos semestrais, ciclos, alternância regular de períodos de estudos, *grupos não seriados, com base na idade, na competência e em outros critérios, ou por forma diversa de organização*, sempre que o interesse do processo de aprendizagem assim o recomendar.
>
> [...]
>
> Artigo 26: Os currículos do ensino fundamental e médio devem ter uma base nacional comum, a ser complementada, em cada sistema

de ensino e estabelecimento escolar, por *uma parte diversificada, exigida pelas características regionais e locais da sociedade, da cultura, da economia e da clientela.* (itálicos nossos).

Os Parâmetros Curriculares Nacionais (PCNs), adotados no segmento da LDB, voltam ao problema da função da escola: "[...] escola para quê? A resposta é ousada: [...] a escola, mais do que transmitir conhecimentos consolidados, deve capacitar os alunos a adquirir novos conhecimentos em um processo permanente de aprendizagem". Um processo permanente de aprendizagem que, como tal, se levarmos a ideia ao absurdo, torna impossível qualquer graduação ou diplomação, posto que indica um trajeto infindável.

Nesse breve repasse, vemos que, desde os documentos internacionais mais gerais até os textos legais e normativos de caráter nacional, transmite-se uma mesma orientação: a negação da transmissão de conhecimentos clássicos acumulados ao longo da história humana; a flexibilização da organização escolar e didática; a limitação dos conhecimentos às necessidades imediatas, acobertadas como peculiaridades culturais a serem respeitadas, na verdade, necessidades imediatas da produção, incompatíveis com o ensino dos temas universais. Trata-se da negação da própria aprendizagem de conteúdos em benefício da aquisição de atitudes e valores, no que se convencionou chamar de cidadania, quando, de fato, é a negação do direito cidadão ao ensino.

Imagina-se que, a esta altura, é ocioso matar a charada acerca de a que responde as iniciativas de instauração da organização dos ciclos, inclusive da progressão continuada, nas grandes redes escolares brasileiras. Longe de uma preocupação com a autoestima ou com a permanência do aluno na rede, se trata de um rebaixamento em regra do conteúdo do ensino, redirecionando as redes escolares para despejar no mercado, o quanto antes, novas levas de jovens, destituídos de cultura geral e dos rudimentos do conhecimento científico, mas dotados das atitudes e habilidades necessárias à sobrevivência seja na roda-viva da inovação tecnológica nas empresas, seja na vida desregulamentada de biscateiros, no quadro da própria liquidação do emprego.

COMO CONCLUSÃO

É verdade que a velha pedagogia tradicional, revolucionária à sua época, não pode ser o programa educacional do Estado operário originado em uma revolução proletária. Assim como a ideia de uma educação para todos não conseguiu ultrapassar o plano da formalidade na sociedade burguesa, também o programa da ilustração universal se tornou obsoleto tão logo a burguesia alcançou o poder de Estado. Ambos passaram a constar do programa revolucionário do proletariado, na luta para tornar o real o que no direito burguês é apenas formal.

No entanto, há cem anos, no quadro da decadência do capitalismo em sua etapa imperialista, a tarefa da revolução proletária de forjar uma educação pertinente ao combate pela emancipação humana teve de incorporar a defesa das aquisições da escola burguesa: a laicidade, a universalidade, a transmissão do conhecimento científico e da cultura, a universalização do acesso, e, sim, a progressão dos alunos na vida escolar sobre a base de uma sequência curricular lógica.

Saviani[47] alerta que, a cada pressão das massas por instrução, a burguesia responde com uma nova denúncia "do caráter mecânico, artificial, desatualizado dos conteúdos próprios da escola tradicional", primeiro com os filósofos da educação nova, depois com toda sorte de educações alternativas imaginadas pela sociologia da educação, todas plasmadas hoje nas diretrizes das instituições do imperialismo, de que a progressão continuada é uma expressão. O famoso teórico da educação afirma um caminho oposto, propondo um esforço para elevar "os conteúdos fixos, abstratos, formais" a "conteúdos reais, dinâmicos e concretos", para o que é preciso partir da defesa do currículo e do patrimônio comum da humanidade.

Nos primeiros anos da Revolução Russa, recusando posições idealistas que advogavam uma "escola proletária", em um país majoritariamente agrário, com uma classe operária que chegava ao poder há meros dois ou três anos, arrastando atrás de si séculos de embrutecimento e ignorância, Lênin era categórico:

47 *op. cit.*, p. 74

Diz-se que a velha escola era uma escola livresca [...] de adestramento autoritário [...] cujo ensino baseava-se na memorização. Ela obrigava a armazenar uma massa de conhecimentos inúteis, supérfluos, mortos e transformava a juventude em um exército de funcionários moldados todos pelo mesmo padrão. Isto é certo, mas concluir daí que se pode ser comunista sem haver assimilado os conhecimentos acumulados pela humanidade seria cometer um enorme erro[48].

De fato, os revolucionários, combatendo pela revolução proletária, combatem pelo surgimento de uma nova escola. Mas não a alcançaremos se não partimos das aquisições da humanidade nesse campo que, repetimos, nessa etapa, determina a defesa da escola contra a liquidação curricular e organizacional que o imperialismo exige que se opere e que, como no caso da progressão continuada, os governos têm aplicado.

A defesa das aquisições da humanidade, arrancadas pelos trabalhadores sob o capitalismo, é uma constante na luta política do Partido Bolchevique. Mais ou menos pela mesma época, primeira metade dos anos 1920, Leon Trotsky, opinando sobre a questão cultural, retoma o argumento de Lênin:

---

48 Lênin, V.I. "As tarefas das Uniões da Juventude". In: Lênin, V.I. *Sobre a juventude*. Lisboa: Publicações Nova Aurora, 1974.

> Falar que as gerações se sucedem umas às outras – quando a sociedade progride, não quando está decadente – significa dizer que cada uma delas acrescenta sua contribuição à acumulação cultural anterior. Mas antes de poder fazê-lo, cada geração atravessa um período de aprendizagem [...] se apropria da cultura existente [...] a sua maneira [...], mas isso ainda não constitui uma nova criação [...], mas somente a sua premissa.

> Lembramos que [...] a camada superior, burguesa, do Terceiro Estado fez sua aprendizagem sob o teto da sociedade feudal; que, ainda no seio da sociedade feudal, ela ultrapassou do ponto de vista cultural as velhas castas dirigentes [...] o proletariado russo [...] precisou derrubar a sociedade burguesa pela violência revolucionária precisamente porque essa sociedade lhe barrava o acesso a cultura[49].

De outro lado, é óbvio, são gigantescos os problemas da escola pública, agravados pela pressão por sua desagregação e desregulamentação, nos termos explicados acima.

Ao esclarecer o sentido das inovações introduzidas nas redes escolares nos últimos vinte e cinco anos, não se pode ignorar que no Brasil

---

49 TROTSKY, Leon. *Literatura e revolução*. Rio de Janeiro: Zahar, 2007, p. 156.

não vimos realizada em tempo algum a escola tradicional. Aqui, com muito mais razão, a batalha por realizar o que no ideário pedagógico burguês não foi senão uma formalidade, apresenta-se sob a forma de conquistar as reivindicações elementares do ensino.

Ao longo da história da educação brasileira, os debates pedagógicos foram sempre a poeira nos olhos para esconder a realidade de que, até a segunda metade dos anos da década de 1970, o Brasil não contava sequer com uma rede física de escolas públicas, realidade ainda presente, sobretudo nas redes municipais.

Sobre essa base material miserável percorreu-se o século XX com os educadores envoltos em um debate ideológico que pouco tocou nas demandas reais da classe trabalhadora por escola. Das polêmicas acerca da predominância das ciências exatas ou das disciplinas retóricas, nos primeiros anos da República, ao célebre embate entre educadores escolanovistas e educadores tradicionais, nos anos 1920 e 1930; da emergência dos métodos populares à introdução do chamado tecnicismo entre os anos 1950 e 1970; da sociologia reprodutivista à orgia de pedagogias renovadas, atitudistas, "centradas no educando", incluindo a organização escolar por ciclos ou por progressão continuada, a partir dos anos 1990, o traço comum foi a ausência de uma escola pública sistematizada em redes no quadro de um sistema nacional de educação[50].

Mesmo a gigantesca pressão social pelo ensino público, a partir dos processos de industrialização relativa do país e do deslocamento de maciços contingentes populacionais do campo para a cidade que teve como resultado a ampliação da matrícula inicial, revelou, por outro lado, as péssimas condições materiais das redes escolares.

No Brasil, país semicolonial, a profissão docente desenvolveu-se de forma amputada. Com uma tardia profissionalização e uma mais retardatária ainda consignação de direitos legais da categoria. Os professores brasileiros vivem ainda hoje sob condições profissionais indignas, exaustivas e de baixa remuneração e com a consequente desvalorização social.

Nos últimos anos, passa-se da negação da escola em seu perfil clássico para o desmonte da escola. E isso acontece sob o disfarce da crítica a uma pretensa escola de métodos tradicionais que estaria implantada no Brasil. Nas condições de trabalho e salário sumariadas acima, em um quadro social cada vez mais decomposto, compreende-se que,

---

50 Note-se que a LDB de 1996 recusou inclusive a terminologia "sistema nacional de educação", tendo em vista que o Governo FHC ia exatamente na direção contrária, a da desresponsabilização do Estado pelo ensino, por meio de um processo de desregulamentação em regra.

de fato, o currículo seja aplicado de forma buro-
crática e os conteúdos transmitidos de maneira puramente formal ou não sejam transmitidos.

Mais do que isso, os processos avaliativos pelos
quais dever-se-ia examinar a situação do alunado
são realizados por professores submetidos a car-
gas horárias exaustivas, que regem salas de aula
lotadas, em escolas de difícil acesso, parcamente
remunerados, em boa medida sem sequer ver re-
conhecido o Piso Salarial Nacional (uma conquista
recente no Brasil, ainda não implantada universalmente) e sem contar muitas vezes com um plano
de carreira.

"Elevar os conteúdos fixos, abstratos, formais a
conteúdos reais, dinâmicos, e concretos", encarar
a gradação progressiva dos alunos em relação ao
domínio dos conhecimentos e, finalmente, avaliar
o nível de aprendizagem e a evolução dos alunos
de forma a ajudá-los a avançar, ou mesmo ter na
repetência um processo real de recuperação de estudos – coisas que se opõem à negação da ciência
e da cultura pelos regimes de ciclo e progressão
continuada – passa pela luta pela escola pública de
qualidade como componente essencial disso.

No que respeita ao magistério, a luta por tal
objetivo passa pela elevação profissional e cultural dos professores, com a conquista de jornadas

de trabalho condizentes com a atividade docente; pelo respeito ao piso salarial, pela elevação dos salários, pela melhoria das condições de trabalho e pelo acesso à formação docente.

Finalmente, não será através da adesão à fictícia democratização baseada no rebaixamento científico e cultural da escola, e com o relaxamento da disciplina necessária ao aprendizado, que se poderá lutar para que a formalidade do ensino igualitário se eleve à realidade da aquisição do conhecimento, necessária aos trabalhadores para travar sua luta de classes no quadro da sociedade burguesa. Isso só poderá se dar através da luta por mais verbas para educação, pela preservação da escola pública e pelas reivindicações docentes.

Em uma frase muito citada, Lênin afirma que, sobrando um traço de civilização, podemos reconstruir tudo. O Brasil, país semicolonial, cujo desenvolvimento desigual em relação ao desenvolvimento do mercado mundial e a sua retração ao longo do século XX, jamais cumpriu as tarefas democráticas e nacionais correspondentes ao domínio burguês clássico. Ao contrário, seu lugar no mercado mundial impôs ao país um entrave à exploração e uso de seus recursos na edificação de uma nação soberana. É assim que se pode entender o baixo nível da escola no Brasil. Inseparável, como se assinalou acima, da retardatária e incompleta profissionalização do magistério e, agora, da desregulamentação da carreira docente.

Entretanto, a classe trabalhadora arrancou conquistas democráticas nesse quadro desfavorável. Ainda que com atraso de décadas e mesmo que precária, existe uma rede física de escolas no país. Os estudantes dessas escolas se contam aos milhões e são centenas de milhares de professores. Ou seja, há um quadro físico, humano e cultural que, na luta dos socialistas por um estado operário, deve ser salvo da sanha desregulamentadora do imperialismo. Na luta para quebrar o Estado burguês, há uma componente de preservação, como explica Lênin[51].

Ou seja, na luta pelo socialismo, os militantes devem encarar o conjunto dos problemas através dos quais a sociedade burguesa afronta os trabalhadores e a maioria do povo e, entre eles, a questão escolar não é o menor. O problema não é, por assim dizer, a transformação da escola, mas sim como preservar as conquistas educacionais e ampliá-las no contexto da luta pelo socialismo, da luta contra a barbárie imperialista.

Essa é a tarefa dos sindicalistas professores, dos militantes do movimento popular, dos pais e

---

51 LÊNIN, V.I. "Conservarão os bolcheviques o poder de Estado"? In: LÊNIN, V.I. *Obras escolhidas*, vol. 2. Lisboa: Avante, 1978, p. 327-365.

estudantes da escola pública. Mas não se trata de um princípio impalpável. No momento em que concluímos este pequeno ensaio (maio de 2015), uma onda de grandes greves do magistério está em curso, com destaques para os estados do Paraná, São Paulo, Pará e Pernambuco. Suas reivindicações concretizam essa tarefa!

Trata-se da luta muito concreta pela elevação geral do salário profissional dos professores e da instauração de uma carga horária compatível com a tarefa extremamente exaustiva dos professores que, na etapa atual, exige reativar a luta pela plena implantação do Piso Nacional Profissional do Magistério.

Trata-se do combate por mais verbas para educação, com a aplicação de 10% do PIB no setor que, no momento em que se escreve este texto, passa incontornavelmente pela batalha para que a presidente Dilma recomponha os R$ 7 bilhões retirados do orçamento da educação pelo Plano Levy.

Nessa base material, coloca-se a defesa da melhoria do ensino e dos processos de avaliação, o que passa pela defesa do currículo e não por seu abandono. Em um contexto em que as políticas da administração pública exaltam a gestão por resultados baseadas na responsabilização individual dos professores – submetidos a avaliações externas e padronizadas que desprezam os processos de ensino-aprendizagem para avaliar os produtos – a reafirmação dos instrumentos de avaliação como prerrogativa da docência, sua melhoria, seu uso efetivo como fator de progresso do aluno –, o que, mais uma vez, exige boas condições de trabalho e salário – devem estar no centro das preocupações dos que defendem a escola pública e lutam pela sua realização como escola única, arrancando-a da histórica condição de escola de segunda classe, destinada aos sem destino.

REFERÊNCIAS BIBLIOGRÁFICAS

ALTHUSSER, L. *Aparelhos ideológicos de Estado*. Rio de Janeiro: Graal, 1984.

AURAS, M. "Considerações sobre a participação popular na elaboração do Plano Estadual de Educação/Santa Catarina (1985/1988) e a resposta do aparelho governamental a esse plano". *Cadernos do CED* [UFSC], v. 5, n. 2, p. 159-189, julho/dezembro de 1988.

BORDIEU, Pierre; PASSERON, Jean Claude. *A reprodução*: elementos para uma teoria do sistema de ensino. Rio de Janeiro: Francisco Alves, 1992.

BRASIL. "Lei 9394/2006. Dispõe sobre as Diretrizes e Bases da Educação Nacional". In: *Vade Mecum*. São Paulo: Saraiva, 9. ed., 2010.

CORRENTE O TRABALHO DO PT. *O pedagógico como expressão da luta de classes*. Brasilia: s/ed., 2003.

ÉLIARD, Michel. *El fin de la escuela*. Madrid: Grupo Unisón Ediciones, 2002.

ENGELS, Friedrich. *A situação da classe operária na Inglaterra*. São Paulo: Boitempo, 2008.

GOMES, A. *A democratização do ensino em questão*: a relevância política do fim da reprovação escolar. Dissertação (Mestrado). Faculdade de Educação, USP, São Paulo, 2004.

LÊNIN, V.I. "As tarefas das Uniões da Juventude". In: LÊNIN, V.I. *Sobre a juventude*. Lisboa: Publicações Nova Aurora, 1974.

_____. "Conservarão os bolcheviques o poder de Estado?" In: LÊNIN, V.I. *Obras escolhidas*, vol. 2. *Lisboa: Avante, 1978.*

MAINARDES, Jefferson. *A escola em ciclos*: fundamentos e debates. São Paulo: Cortez, 2009.

MARX, K.; ENGELS, F. *Textos sobre educação e ensino*. São Paulo: Editora Moraes, 1992.

ORGANIZAÇÕES DAS NAÇÕES UNIDAS PARA A EDUCAÇÃO, CIÊNCIA E CULTURA – Unesco. "Declaração

Mundial sobre Educação para Todos (Conferência de Jomtien)". Tailândia: ONU/Unesco, 1990. Disponível em: www.unesco.org.br/publicação/doc-internacionais. Acesso em: 22 de maio de 2008.

SAVIANI, Dermeval. *Escola e democracia*. Campinas: Autores Associados, 1995.

_____. "Trabalho e educação: fundamentos ontológicos e históricos". In: *Revista Brasileira de Educação*. Vol. 12, nº 34. Janeiro/abril de 2007.

_____. *História das ideias pedagógicas no Brasil*. Campinas: Autores Associados, 2008.

TEIXEIRA, Anísio. "A pedagogia de Dewey". In: DEWEY, John. *Vida e educação*. São Paulo: Melhoramentos, 1975.

APÊNDICE – DOCUMENTOS

RELATÓRIO E PROJETO DE DECRETO SOBRE A ORGANIZAÇÃO GERAL DA INSTRUÇÃO PÚBLICA DE 1792 (TRECHOS)

Escritos por Condorcet em 1792 para serem submetidos à Assembleia Legislativa, os dois documentos apareceram de forma conjunta. Os trechos selecionados pela professora Margarita Victoria Rodríguez (UFMS) e traduzido do espanhol pelos editores do presente volume de CONDORCET, M.-J.-A.-N. C. Cinco Memorias sobre la instrucción pública e otros escritos. *Madrid: Morata, 2001.*

[...] Educação tão igual, tão universal e, por outro lado, tão completa quanto as circunstâncias permitiriam; haver-se-ia de dar a todos igualmente a instrução que pudesse ser estendida a todos, mas não para negar a qualquer parte dos cidadãos a maior instrução que é impossível compartilhar com toda a massa de indivíduos; estabelecer uma, porque é útil para quem o recebe, e outra, porque ela pertence mesmo àqueles que não a recebem (p. 282).

[...] assim, o ensino deve ser universal, ou seja, alargado a todos os cidadãos. Deve ser repartido com toda a igualdade que permitam os limites obrigatórios dos gastos, a distribuição dos homens no território e o tempo mais ou menos longo que as crianças possam lhe dedicar. Deveria, nos seus diferentes graus, cobrir todo o sistema de conhecimento humano e garantir aos homens, em todas as idades da vida, a facilidade de preservar os seus conhecimentos ou de adquirir outro novo (p. 283).

[...] Nenhum dos poderes públicos deve ter autoridade, nem fé pública para negar o desenvolvimento de novas verdades, o ensino das teorias que se oponham à sua política particular ou aos seus interesses de momento (p. 283).

[...] essa independência que temos atribuído à instrução pública diante de todo poder público externo não dever assustar ninguém, posto que os abusos seriam corrigidos imediatamente pelo Poder Legislativo, cuja autoridade é exercida imediatamente sobre todo o sistema de ensino (p. 312).

[...] sendo a primeira condição de toda a instrução não ensinar senão a verdade, os estabelecimentos que poder público consagre a ela devem ser o mais independente possível, de qualquer autoridade pública. E como, no entanto, essa independência não pode ser absoluta, resulta do mesmo princípio que não se deve fazê-los dependentes mais do que da assembleia geral dos representantes do povo , porque de todos os poderes , é o menos corruptível, o que está mais longe de ser empalmado por interesses privados, o que está mais sujeito à influência da opinião geral dos homens esclarecidos e, acima de tudo, porque, sendo aquela instância da qual provêm essencialmente todas as mudanças, é, por isso, a que é menos inimiga do progresso das luzes, a que menos se opõe às melhorias que esse progresso deve trazer (p. 282).

Os princípios morais ensinados nas escolas e nos institutos serão aqueles que, fundados em nossos sentimentos naturais e na razão, são igualmente próprios de todos os homens [...]. Assim, é necessário separar rigorosamente dos princípios morais os princípios de qualquer religião em particular e não admitir na instrução pública o ensino de qualquer culto religioso. Cada um deles deve ser ensinado nos templos pelos seus próprios ministros (p. 296).

Nas vilas onde não houver mais do que uma escola primária, as crianças de ambos os sexos devem ser admitidas e receber do mesmo mestre uma mesma instrução. Quando uma aldeia tiver duas escolas primárias, uma delas será confiada a uma preceptora e as crianças de ambos os sexos serão separados (p. 298).

MANIFESTO DO PARTIDO COMUNISTA DE 1848 (TRECHOS)

O Manifesto de 1848, escrito por Marx e Engels, visava à adoção de um programa revolucionário pela Liga dos Comunistas (antiga Liga dos Justos) à qual os fundadores do socialismo científico haviam aderido algum tempo antes, tornando-se seus dirigentes. Entre as muitas publicações desse texto clássico, esta consta em O Programa da Revolução, da Editora Nova Palavra.

Supressão da família! Mesmo os mais radicais exaltam-se com esse infame desígnio dos comunistas.

Sobre o que repousa a família atual, a família burguesa? Sobre o capital, sobre o lucro privado. Somente para a burguesia ela existe de forma plenamente desenvolvida; mas ela encontra o seu complemento na carência de família imposta aos proletários e na prostituição pública.

A família dos burgueses é naturalmente eliminada com a eliminação desse seu complemento, e ambos desaparecem com o desaparecimento do capital.

Vocês censuram-nos querer suprimir a exploração dos filhos pelos pais? Nós confessamos esse crime.

Mas, dizem vocês, nós suprimimos as relações mais íntimas à medida que colocamos a educação social no lugar da doméstica.

E a educação de vocês não está também determinada pela sociedade? Pelas relações sociais em cujo âmbito vocês educam, pela ingerência mais ou menos direta ou indireta da sociedade por meio da escola etc.? Os comunistas não inventam o influxo da sociedade sobre a educação; eles apenas modificam o seu caráter, eles subtraem a educação à influência da classe dominante.

O palavrório burguês sobre família e educação, sobre a íntima relação de pais e filhos torna-se tanto mais repugnante quanto mais todos os laços familiares, em consequência da grande indústria, são rompidos para os proletários e as suas crianças transformadas em simples artigos de comércio e instrumentos de trabalho.

[...]

Naturalmente essas medidas serão diferentes de acordo com os diferentes países.

Para os países mais desenvolvidos, contudo, as seguintes medidas poderão ser postas em prática de uma forma um tanto geral:

Expropriação da propriedade fundiária e emprego da renda fundiária para despesas estatais.

Pesado imposto progressivo.

Abolição do direito de herança.

Confisco da propriedade de todos os emigrantes e insurrecionados.

Centralização do crédito nas mãos do Estado através de um banco nacional com capital estatal e monopólio exclusivo.

Centralização do sistema de transportes nas mãos do Estado.

Multiplicação das fábricas nacionais, dos instrumentos de produção, arroteamento e melhoria, segundo um plano comunitário, de grandes extensões de terra.

Obrigatoriedade de trabalho para todos, constituição de exércitos industriais, especialmente para a agricultura.

Unificação dos setores da agricultura e da indústria, atuação no sentido da eliminação gradual da diferença entre cidade e campo.

Educação pública e gratuita para todas as crianças. Eliminação do trabalho infantil em fábricas na sua forma atual. Unificação da educação com a produção material etc.

INSTRUÇÕES PARA OS DELEGADOS DO CONSELHO GERAL PROVISÓRIO. AS DIFERENTES QUESTÕES (TRECHOS)

As Instruções foram escritas por Karl Marx no fim de agosto de 1866. Foram publicadas nos jornais The International Courier, números 6-7, de 20 de fevereiro, e nos números 8-10, 13 de março, 1867, e em Le Courrier International, números 10 e 11, 9 e 16 de março, 1867, assim como na revista Der Vorbote, números 10 e 11, de outubro e novembro de 1866. Publicado conforme tradução de Obras Escolhidas de Marx e Engels, *Lisboa: Editorial Avante, 1982.*

4. TRABALHO JUVENIL E INFANTIL (AMBOS OS SEXOS)

Consideramos a tendência da indústria moderna para levar as crianças e jovens de ambos os sexos a cooperarem no grande trabalho da produção social como uma tendência progressiva, sã e legítima, embora sob o capital tenha sido distorcida em uma abominação. Em um estado racional da sociedade *qualquer criança que seja*, desde a idade dos 9 anos, deve tornar-se trabalhador produtivo da mesma maneira que todo o adulto saudável não deveria ser eximido da lei geral da natureza: Trabalhar para comer, e trabalhar não só com o cérebro, mas também com as mãos.

No entanto, presentemente, nós temos apenas de tratar de crianças e jovens de ambos os sexos [pertencendo ao povo trabalhador. Devem ser divididos] em *três classes*, a serem tratadas de maneira diferente: a primeira classe englobando dos 9 aos 12; a segunda, dos 13 aos 15 anos; e a terceira compreendendo as idades dos 16 e 17 anos. Propomos que o emprego da primeira classe em qualquer oficina ou local de trabalho seja legalmente restringido a *duas* [horas]; a segunda classe a *quatro* [horas]; e o da terceira classe a *seis* horas. Para a terceira classe terá de haver um intervalo pelo menos de uma hora para refeições ou descontração.

Poderá ser desejável começar a instrução escolar elementar antes da idade de 9 anos; mas aqui tratamos apenas dos mais indispensáveis antídotos contra as tendências de um sistema social que degrada o operário a mero instrumento para a acumulação de capital, e que transforma pais, devido às suas necessidades, em proprietários de escravos, vendedores dos seus próprios filhos. *O direito* das crianças e dos jovens tem de ser feito valer. Eles não são capazes de agir por si próprios. É, no entanto, dever de a sociedade agir em nome deles.

Se as classes média e superior negligenciam os seus deveres para com a sua descendência, a culpa é delas. Partilhando os privilégios dessas classes, a criança está condenada a sofrer dos preconceitos daquelas.

O caso da classe operária apresenta-se bem diferente. O operário não é um agente livre. Em demasiados casos, ele é até demasiado ignorante para compreender o verdadeiro interesse do seu filho, ou as condições normais do desenvolvimento humano. No entanto, a parte mais esclarecida da classe operária compreende inteiramente que o futuro da sua classe, e, por conseguinte, da humanidade, depende completamente da formação da geração operária nascente. Eles sabem, antes de tudo o mais, que as crianças e os jovens trabalhadores têm de ser salvos dos efeitos esmagadores do presente sistema. Isto só poderá ser efetuado convertendo a *razão social* em *força social* e, em dadas circunstâncias, não existe outro método de o fazer senão através de *leis gerais* impostas pelo poder do Estado. Impondo tais leis, a classe operária não fortifica o poder governamental. Pelo contrário, eles transformam esse poder, agora usado contra eles, em seu próprio agente. Eles efetuam por uma medida [*act*] geral aquilo que em vão tentariam atingir por uma multidão de esforços individuais isolados.

Partindo desse ponto, dizemos que nenhum pai nem nenhum patrão deveria ser autorizado a usar trabalho juvenil, exceto quando combinado com educação.

Por educação entendemos três coisas:

Primeiramente: *Educação mental.*

Segundo: *Educação física,* tal como é dada em escolas de ginástica e pelo exercício militar.

Terceiro: *Instrução tecnológica,* que transmite os princípios gerais de todos os processos de produção e, simultaneamente, inicia a criança e o jovem no uso prático e manejo dos instrumentos elementares de todos os ofícios.

Um curso gradual e progressivo de instrução mental, gímnica e tecnológica deve corresponder à classificação dos trabalhadores jovens. Os custos das escolas tecnológicas deveriam ser em parte pagos pela venda dos seus produtos.

A combinação de trabalho produtivo pago, educação mental, exercício físico e instrução politécnica, elevará a classe operária bastante acima do nível das classes superior e média.

É evidente que o emprego de todas as pessoas dos [9] aos 17 anos (inclusive) em trabalho noturno e em todos os ofícios nocivos à saúde tem de ser estritamente proibido por lei.

GLOSAS MARGINAIS AO PROGRAMA DO PARTIDO OPERÁRIO

Escrito por Karl Marx no princípio de maio de 1875 como notas à margem do Projeto de Programa do Partido Operário Alemão. Publicado (trechos) na revista Die Neue Zeit, *número 18, 1890-1891. Publicado conforme tradução de* Obras Escolhidas de Marx e Engels, *Lisboa: Editorial Avante, 1982.*

B. O Partido Operário Alemão reclama como base espiritual e ética *[sittlich]* **do Estado: 1.** *Educação popular* **geral e** *igual* **pelo Estado. Escolaridade obrigatória geral. Instrução gratuita.**

Educação popular igual? O que é que se imagina por detrás destas palavras? Acredita-se que na sociedade hodierna (e é só com ela que se tem que ver) a educação pode ser *igual* para todas as classes? Ou reclama-se que as classes superiores também devem ser reduzidas compulsivamente ao módico da educação – da escola primária *[Volksschule]* – o único compatível com as condições económicas, não só dos operários assalariados, mas também dos camponeses?

"Escolaridade obrigatória geral. Instrução gratuita." A primeira existe mesmo na Alemanha, a segunda na Suíça [e] nos Estados Unidos para as escolas primárias. Se, em alguns Estados desse último [país], também há estabelecimentos de ensino superior que também são gratuitos, isso só significa de facto pagar às classes superiores os seus custos de educação a partir da caixa geral de impostos. Incidentalmente, o mesmo vale também para a administração gratuita da justiça reclamada em A.5. Em toda a parte, há que ter a justiça criminal gratuitamente; a justiça civil gira quase só em torno de conflitos de propriedade e toca quase só às classes possidentes. Devem elas conduzir os seus processos à custa da caixa do povo?

O parágrafo sobre as escolas deveria, pelo menos, ter reclamado escolas técnicas (teóricas e práticas) em ligação com a escola primária.

Uma *educação popular pelo Estado* é totalmente rejeitável. Determinar por uma lei geral os meios das escolas primárias, a qualificação do pessoal docente, os ramos de ensino, etc., e, como acontece nos Estados Unidos, supervisionar por inspetores do Estado o cumprimento destas prescrições legais, é algo totalmente diferente de nomear o Estado educador do povo! Mais ainda, é de excluir igualmente o governo e a Igreja de toda a influência sobre a escola. Ora, no Império prússio-alemão (e que não se recorra ao subterfúgio duvidoso de que se está a falar de um Estado do futuro: já vimos o que ele é), inversamente, é o Estado que precisa de uma muito rude educação pelo povo.

O programa todo, aliás, apesar de todo o tinido democrático, está de uma ponta à outra emprestado da crença servil da seita de Lassalle no Estado ou, o que não é melhor, da crença democrática em milagres, ou, antes, ele é um compromisso entre estas duas espécies de crenças em milagres, igualmente distantes do socialismo.

Liberdade da ciência proclama um parágrafo da Constituição prussiana. Portanto, por que aqui?

Liberdade de consciência! Se se quisesse trazer à mente do liberalismo, nesse tempo de *Kulturkampf* (Luta pela Cultura), as suas velhas palavras-chave, isso só podia, porém, acontecer sob esta forma: Cada um tem que poder fazer as suas necessidades religiosas e corporais, sem que a polícia aí meta o nariz. Mas, o Partido operário tinha, contudo, nesta oportunidade, de expressar a sua consciência *[Bewusstsein]* de que a liberdade de consciência *[Gewissensfreiheit]* burguesa não é mais do que a tolerância de todas as espécies possíveis de *liberdade de consciência religiosa* e que ele se esforça, antes, por libertar a consciência do fantasma religioso. Mas, acha-se por bem não ultrapassar o nível burguês.

Cheguei agora ao fim, pois o apêndice que ora se segue no programa não forma qualquer parte componente *característica* do mesmo. Portanto, posso ser aqui muito breve.

A ESCOLA E O ENSINO NA COMUNA DE PARIS DE 1871

Publicamos dois excertos relativos a educação na Comuna de Paris – revolução proletária iniciada em 18 de março e esmagada em 28 de maio de 1871. Entre as medidas, está a introdução da instrução pública, gratuita, laica e obrigatória.

O primeiro documento é uma resolução da Comuna de Paris proposta pelo delegado do Ensino, Edouard Vaillant, submetida a voto no dia 17 de maio de 1871. Esse documento foi extraído do livro A Comuna de Paris, *originalmente publicado em 1968 pela editora Laemmert, com tradução de Octávio de Aguiar Abreu e republicado na brochura* Documentos da Comuna de Paris *editada pela Juventude Revolução em 2009.*

O segundo documento é um trecho da obra História da Comuna de 1871, *de Hippolyte Prosper*

Olivier Lissagaraym, publicado em 1991 pela editora Ensaio.

A COMUNA E O ENSINO

Considerando que é importante que a Revolução Comunal afirme seu caráter essencialmente socialista por uma reforma do ensino, assegurando a todos a verdadeira base da igualdade social, a instrução integral a que cada um tem direito e facilitando-lhe a aprendizagem e o exercício da profissão para a qual o dirigem seus gostos e aptidões.

Considerando, por outro lado, que enquanto se espera que um plano completo de ensino integral possa ser formulado e executado, é preciso decretar as reformas imediatas que garantam, em um futuro próximo, essa transformação radical do ensino.

A delegação do ensino convida as municipalidades distritais a enviar, no mais breve prazo possível, para o doravante Ministério da Instrução Pública, Rua de Grenelle-Germain, 110, as indicações e as informações sobre os locais e estabelecimentos melhor apropriados à pronta instituição de escolas profissionais, onde os alunos, ao mesmo tempo que farão a aprendizagem de uma profissão, completarão sua instrução científica e literária.

Além disso, solicita-se às municipalidades distritais que se entendam com a Delegação do Ensino, a fim de colocar, o mais rapidamente possível, as escolas profissionais em atividade.

Paris, 17 de maio de 1871.

O membro da Comuna, delegado do Ensino:

Edouard Vaillant

DA HISTÓRIA DA COMUNA DE PARIS

Nada se saberia dessa revolução em matéria de educação sem as circulares das municipalidades. Várias haviam reaberto as escolas abandonadas pelas congregações e pelos professores primários da cidade, ou tinham expulsado os padres que lá restavam. A do XX Distrito vestiu e alimentou as crianças, lançando assim as primeiras bases das Caixas Escolares, tão prósperas a partir de então. [...] "Os professores das escolas primárias e das creches", prescrevia a delegação do XII Distrito, "empregarão exclusivamente o método experimental e científico, que parte sempre da exposição dos fatos físicos, morais e intelectuais".

MANIFESTO DOS PIONEIROS DA EDUCAÇÃO NOVA DE 1932 (TRECHO)

O *Manifesto de 1932 foi redigido a partir das formulações da Associação Brasileira de Educação com o fim de influenciar na elaboração da Constituição de 1934, em seu capítulo da educação. Tendo em Fernando de Azevedo e Anísio Teixeira seus redatores mais reconhecidos, foi assinado por personalidades de diversas áreas e de diferentes perfis político-ideológicos, mas que tinham em comum o combate pela educação pública e laica, em oposição às correntes católicas e privatistas. Foi mantida a ortografia original da obra.*

O ESTADO EM FACE DA EDUCAÇÃO

a) *A educação, uma função
essencialmente pública.*

Mas, do direito de cada indivíduo à sua educação integral decorre logicamente para o Estado que o reconhece e o proclama, o dever de considerar a educação, na variedade de seus graus e manifestações, como uma função social e eminentemente pública, que ele é chamado a realizar, com a cooperação de todas as instituições sociais. A educação que é uma das funções de que a família se vem despojando em proveito da sociedade política, rompeu os quadros do comunismo familiar e dos grupos específicos (instituições privadas), para se incorporar definitivamente entre as funções essenciais e primordiais do Estado. Esta restrição progressiva das atribuições da família – que também deixou de ser "um centro de produção" para ser apenas um "centro de consumo", em face da nova concorrência dos grupos profissionais, nascidos precisamente em vista da proteção de interesses especializados – fazendo-a perder constantemente em extensão, não lhe tirou a "função específica", dentro do "foco interior", embora cada vez mais estreito, em que ela se confinou. Ela é ainda o "quadro natural que sustenta socialmente o indivíduo, como o meio moral em que se disciplinam as tendências, onde nascem, começam a desenvolver-se e continuam a entreter-se suas aspirações para o ideal". Por isso, o Estado, longe de prescindir da família, deve assentar o trabalho da educação no apoio que ela dá à escola e na colaboração efetiva entre pais e professores, entre os quais, nessa obra profundamente social, tem o dever de restabelecer a confiança e estreitar, as relações, associando e pondo a serviço da obra comum essas duas forças sociais – a família e a escola –, que operavam de todo indiferentes, senão em direções diversas e, às vezes, opostas.

b) *A questão da escola única*

Assentado o princípio do direito biológico de cada indivíduo sua educação integral, cabe evidentemente ao Estado a organização dos meios de o tornar efetivo, por um plano geral de educação, de estrutura orgânica, que torne a escola acessível, em todos seus graus, aos cidadãos a quem a estrutura social do país mantém em condições de inferioridade econômica para obter o máximo de desenvolvimento de acordo com suas aptidões vitais. Chegasse, por esta forma, ao princípio da escola para todos, "escola comum ou única", que, tomado a rigor, só não ficará na contingência de sofrer quaisquer restrições, em países em que as reformas pedagógicas estão intimamente ligadas com a reconstrução fundamental das relações sociais. Em nosso regime político, o Estado não poderá, decerto, impedir que, graças à organização de escolas privadas de tipos diferentes, as classes mais privilegiadas assegurem a seus filhos uma educação de classe determinada; mas está no dever indeclinável de não admitir, dentro do sistema escolar do Estado, quaisquer classes ou escolas, a que só tenha acesso uma minoria, por um privilégio exclusivamente econômico. Afastada a ideia do monopólio da educação pelo Estado, num país em que o Estado, pela sua situação financeira não está ainda em condições de assumir sua responsabilidade exclusiva, e em que, portanto, se torna necessário estimular, sob sua vigilância, as instituições privadas idôneas, a "escola única" se entenderá, entre nós, não como "uma conscrição precoce", arrolando, da escola infantil a universidade, todos os brasileiros, e submetendo-os durante o maior tempo possível a uma formação idêntica, para ramificações posteriores em vista de destinos diversos, mas antes como a escola oficial, única, em que todas as crianças, de 7 a 15, todas ao menos que, nessa idade, sejam confiadas pelos pais à escola pública, tenham uma educação comum, igual para todos.

c) *A laicidade, gratuidade, obrigatoriedade
e coeducação.*

A laicidade, gratuidade, obrigatoriedade e coeducação são outros tantos princípios em que assenta a escola unificada e que decorrem tanto da subordinação à finalidade biológica da educação de todos os fins particulares e parciais (de classes, grupos ou crenças), como do reconhecimento do direito biológico que cada ser humano tem à educação. A laicidade, que coloca o ambiente escolar acima de crenças e disputas religiosas, alheio a todo o dogmatismo sectário, subtrai o educando, respeitando-lhe a integridade da personalidade em formação, a pressão perturbadora da escola quando utilizada como instrumento de propaganda de seitas e doutrinas. A gratuidade extensiva a todas as instituições oficiais de educação é um princípio igualitário que torna a educação, em qualquer de seus graus, acessível não a uma minoria, por um privilégio econômico, mas a todos os cidadãos que tenham vontade e estejam em condições de recebê-la. Aliás, o Estado não pode tornar o ensino obrigatório, sem torná-lo gratuito. A obrigatoriedade que, por falta de escolas, ainda não passou do papel, nem em relação ao ensino primário, e se deve estender progressivamente até uma idade conciliável com o trabalho produtor, isto é, até aos 18 anos, é mais necessária ainda "na sociedade moderna em que o industrialismo e o desejo de exploração humana sacrificam e violentam a criança e o jovem", cuja educação é frequentemente impedida ou mutilada pela ignorância dos pais ou responsáveis e pelas contingências econômicas. A escola unificada não permite ainda, entre alunos de um e outro sexo outras separações que não sejam as que aconselham suas aptidões psicológicas e profissionais, estabelecendo em todas as instituições "a educação em comum" ou coeducação, que, pondo-os no mesmo pé de igualdade e envolvendo todo o processo educacional, torna mais econômica a organização da obra escolar e mais fácil sua graduação.

MANIFESTO DOS EDUCADORES MAIS UMA VEZ CONVOCADOS DE 1959 (TRECHO)

O Manifesto de 1959 foi lançado pelo núcleo dos signatários do texto de 1932 e incorpora novas personalidades do mundo educacional e cultural. Tinha como objetivo intervir na tramitação daquela que seria a LDB de 1961. O texto retoma os principais temas do Manifesto dos Pioneiros, sobretudo no que se refere à defesa do ensino público. Foi mantida a ortografia original da obra.

O MANIFESTO DE 32 E O PROJETO DE DIRETRIZES E BASES

É nesse mesmo Manifesto, tantas vezes incompreendido e mal interpretado, que foi lançada a ideia que se procura agora concretizar no projeto de lei de Diretrizes e Bases da educação nacional, em discussão na Câmara de Deputados. Vale a pena de desenterrar os fatos mais significativos dessa pequena história que já tem pouco mais de um quarto de século e é afinal um dos episódios do próprio movimento de reconstrução educacional de que tiveram alguns de nós a iniciativa e por que vimos lutando sem descanso, entre incompreensões e hostilidades. Mas, antes de irmos aos fatos, é do maior interesse lembrar um dos trechos desse documento, referentes à matéria. "A organização da educação sobre a base e os princípios fixados pelo Estado, no espírito da verdadeira comunidade popular e no cuidado da unidade nacional, não implica um centralismo estéril e odioso, ao qual se opõem as condições geográficas e socioculturais do país e a necessidade de adaptação da escola aos interesses e às exigências regionais. Unidade não significa uniformidade.

A unidade pressupõe diversidade. Por menos que pareça à primeira vista, não é, pois, na centralização, mas na aplicação da doutrina federativa e descentralizadora que temos de buscar o meio de levar a cabo, em toda a república, uma obra metódica e coordenada, de acordo com um plano comum, de grande eficácia, tanto em intensidade quanto em extensão. Ao Distrito Federal e aos Estados, nos seus respectivos territórios, é que deve competir a educação em todos os graus, dentro dos princípios gerais fixados na nova Constituição que deve conter, com a definição de atribuições e deveres, os fundamentos da educação nacional. Ao governo central, pelo Ministério da Educação, caberá vigiar sobre a obediência a esses princípios, fazendo seguir as orientações e os rumos gerais estabelecidos na Carta Constitucional e em leis ordinárias, socorrendo onde haja deficiência de meios, facilitando o intercâmbio pedagógico e cultural dos Estados e intensificando por todas as formas as suas relações espirituais". O texto é claro e positivo, e é dele, como do programa da política educacional extraído do Manifesto, que provieram os textos respectivos de duas Constituições, na elaboração dos quais participaram alguns de seus signatários.

Em defesa da ideia sustentada nesse documento e mais claramente definida no número I, letra b do programa educacional que dele se extraiu, saíram a campo os educadores e escritores que o subscreveram. Na 5ª Conferência Nacional de Educação que se reuniu em Niterói em janeiro de 1933, retomamos a questão nos termos em que a colocamos no Manifesto. Foi dos debates travados sobre o assunto em comissão especial e, a seguir, no plenário, que saiu o primeiro anteprojeto, traçado em suas grandes linhas, das diretrizes e bases da educação, de acordo com o referido Manifesto. A Constituição de 1934 acolhera a ideia num dispositivo constitucional, depois de entendimentos com um grupo de Deputados à Assembleia Constituinte, promovidos pela Associação Brasileira de Educação que, teve parte realmente importante nesse trabalho. A Carta Constitucional outorgada em 10 de novembro de 1937 o suprimiu, em conformidade com as ideias centralizadoras que voltaram a dominar, ao ser instaurado no país o Estado autoritário. Restaurado o regime democrático, a Constituição de 1946 restabeleceu a disposição que consagra o princípio de descentralização e manda proceder, por lei complementar, à fixação das diretrizes e bases da educação nacional. No governo do Marechal Eurico Dutra, o Ministro Clemente Mariani constituiu em 1947 uma Comissão de 15 professores, por ele escolhidos e designados, para elaborarem o projeto de lei que, aprovado pelo Ministro que de perto acompanhou esses trabalhos com alta compreensão dos problemas educacionais e uma firmeza e dedicação exemplares, e encaminhado ao Presidente da República, foi por este submetido em 1947 à apreciação da Câmara de Deputados. Está claro que, decorrido mais de um decênio de sua elaboração, o projeto primitivo deveria ser reexaminado, – e efetivamente o foi com alto critério pela Comissão de Educação e Cultura da Câmara, para o melhorar e ajustá-lo às condições atuais. As modificações que comportava, foram introduzidas sem lhe desfigurarem a estrutura e, particularmente, – o que prevalece a tudo, – sem o desviarem dos dispositivos constitucionais e dos princípios que os inspiram.

SOBRE O AUTOR

Professor do Curso de Pedagogia e do Mestrado Acadêmico Intercampi em Educação e Ensino (MAIE) da Universidade Estadual do Ceará – UECE, foi presidente do SIDUECE (2004-2006) e vice-presidente nordeste do ANDES-SN (2002-2004). É militante da Corrente O Trabalho do PT, Seção Brasileira da 4ª Internacional.

E-mail: **eudes.baima@uece.br**